분노가
세상을
바꾼다

* 본문에 게재된 이미지는 방송과 언론 캡처 이미지입니다.
* 저자의 견해는 출판사의 편집 방향과 다를 수 있습니다.

이메일 vegabooks@naver.com   **홈페이지** www.vegabooks.co.kr
블로그 http://blog.naver.com/vegabooks
인스타그램 @vegabooks   **페이스북** @VegaBooksCo

홍사훈의 경제 브리핑

분노가
세상을
바꾼다

홍사훈 지음

도이치모터스 주가조작

라임펀드 사기

제7광구 개발 중단

재건축·재개발을
둘러싼 이권 싸움

베가북스
VegaBooks

우리의 경제는 정의로운가

'경제와 정의를 다 잡는 홍반장, KBS 기자 홍사훈입니다.'

〈홍사훈의 경제쇼〉에서 늘 말하는 제 소개입니다. 경제와 정의가 현실 세계에선 상반된 의미를 갖고 있는데, 어떻게 둘 다 잡겠다는 거지? 극단적으로 자본시장에서 말하는 경제적 정의는 투자자들의, 주주들의 이익을 극대화시키기 위해 구조조정으로 직원들을 해고시키고 최소한의 노동력을 최대한 혹사시켜 생산성을 높이는 걸 의미하잖아요? 요즘 ESG 경영이 화두라고는 하지만 민주적인 자본주의가 이 세상에 존재하지 않듯이 정의로운 경제 역시 현실에선 불가능하다고 말합니다.

30여 년간 기자로 일하면서 그동안 중점적으로 취재했던, 특히 정의롭지 못한 경제와 관련된 세 가지 사안에 대한 제 생각을 담았습니다. 첫 번째 주제는 한국 자본시장을 후지게 만드는 대표적인 코리아 디스카운트, 주가조작에 대한 이야기입니다. 4,000여 명의 피해자를 발생시킨 라임펀드 사태를 취재하면서 주가조작과 무자본 M&A가 이뤄지는 실제 과정을 알게 됐습니다. 20대 대통령 선거와 맞물린 도이치모터스 주가조작 사건은 일반 국민들에게 주식시장에서 주가조작이 얼마나 많이 일어나는지 알게 만들어준 계기가 됐습니다. 상상하기 힘들 정도의 큰 돈을 한 번에 벌게 만드는 주가조작은 그만큼 형량도 높습니다. 그러나 역으로 빠져나가는 경우가 많기에 유혹도 많은 겁니다.

도이치모터스 주가조작을 처음 세상에 알린 것은 〈뉴스타파〉 심인보 기자였습니다. 저는 〈뉴스타파〉 기사를 보고 도이치모터스 주가조작 의혹사건에 뛰어들었습니다. 그냥 궁금해서였습니다. 사건이 길어지고 복잡해지면서 국민 대부분은 뭔가 의혹이 있긴 있는 것 같긴 하지만 뭐가 뭔지 잘 모르게 파편화됐습니다. 제가 취재한 그간의 도이치모터스 주가조작 사건 전 과정을 정리했습니다. 다만 현재 1심 재판이 진행되고 있는 상황이라

다툼이 될 만한 사안은 배제했습니다.

두 번째 주제는 대륙붕 제7광구, 한반도 석유자원에 대한 주제입니다. 나이가 좀 있으신 분들은 7광구를 아실 테지만 젊은 세대는 아마도 영화 〈7광구〉, 안성기와 하지원 씨가 나온 괴수 영화 정도로만 알고 있을 듯합니다. 남해 대륙붕 7광구는 실제 존재하는 영토입니다. 1960년대 UN에서 자원 탐사한 결과 '또 하나의 페르시안 걸프'라고 이름 붙였을 정도로 가능성이 큰 지역이지만, 일본의 방해로 시추는커녕 제대로 된 탐사조차 이뤄지지 못했습니다.

2025년 6월 22일을 기점으로 광구를 놓고 일본과 큰 싸움이 벌어질 가능성이 높습니다. 2009년부터 7광구 문제에 대한 취재를 시작해 다큐멘터리 세 편을 제작했습니다. 10년 넘게 취재하면서 한국 정부의 영토 외교가 구한말 당시와 크게 다르지 않다는 생각이 들었습니다. 본문을 보면서 우리 정부의 외교의 힘 없음에 분노하시기 바랍니다. 석유, 영토, 게다가 상대가 일본입니다. 폭발력을 모두 갖춘 대륙붕 7광구, 안타깝게도 시간은 우리 편이 아닙니다. 그러나 뺏길 때 뺏기더라도 그냥 뺏겨서는 안 됩니다. 제가 10년 넘게 이 문제를 물고 늘어지는 이유입니다.

마지막 세 번째 주제는 부동산, 특히 재건축·재개발은 왜 투전판이 됐고, 어떻게 집값을 올리는 신호탄이 됐는지입니다. 낡고 위험한 아파트를 허물고 재건축해야 한다는 부분, 또 도시를 건강하고 합리적으로 만들기 위해 구도심 지역을 재개발하는 방식에 반대하는 것은 아닙니다. 그러나 현재 우리의 재건축·재개발은 투전판과 다를 바 없습니다. 너무나 많은 공적 혜택을 공짜로 부여하다 보니 불로소득이라는 썩은 고기가 이 투전판에서 터져나오고 썩은 고기를 노리는 하이에나들, 즉 투기꾼들이 모여드는 겁니다. 낡은 주택 100채를 허물어서 200채를 공급하는데 집값은 오히려 올라갑니다. 재개발·재건축 단지뿐 아니라 주변 집값까지 같이 끌어올립니다. 썩은 고기를 없애지 않는 한 하이에나를 쫓아낼 방법은 없습니다.

과도한 불로소득을 줄여야 모두에게 이익이 되는 재개발·재건축이 가능합니다. 수천억 원을 넘어 수조 원에 달하는 도심 재건축·재개발 사업을 완전히 민간에 맡겨두고, 국가가 뒷짐지고 바라만 보았기에 이 지경을 만들어 놓았습니다. 재개발·재건축을 취재하면서 제 나름대로 내렸던 대안을 제시하고자 합니다.

'의혹이 있으면 취재하고, 확인이 되면 보도하라.' 저는 그렇게 배웠습니다. 제 취재 경험과 생각을 읽으시면서 정의롭지도 또 공정하지도 못한 우리의 경제에 분노하시기 바랍니다. 분노해야 세상은 바뀝니다.

2022년 10월

홍사훈

도이치모터스 주가조작

라임펀드 사기

제7광구 개발 중단

투쟁판이 되어버린

재건축·재개발

| 차례 |

3 투전판이 되어버린 재건축·재개발

01

도이치
모터스,
그리고 라임

2019년 터진 '라임펀드 주가조작 사건' 그리고 2020년 세상 밖으로 나온 '도이치모터스 주가조작 사건', 두 사건에 모두 등장하는 인물이 한 사람 있습니다. 주가조작 선수로 알려진 '이OO'입니다. 김건희 여사가 증권계좌를 맡겨 주식 거래를 일임했다는 바로 그 인물입니다. 선수 이OO는 현재 도이치모터스 주가조작 사건 혐의로 재판을 받고 있습니다.

한국 자본시장의 민낯
주가조작

우리나라 자본시장은 규모만으로 보면 이미 선진국 대열에 합류하고도 남습니다. 코스피와 코스닥에 상장된 기업 수가 2,356개, 시가총액은 2,750조 원으로 세계 10위권입니다. 그러나 덩치만 커졌지, 한국 자본시장에 존재하는 이해하지 못할 기준과 불공평, 불합리, 솜방망이 처벌 조항 등은 흔히 '코리안 디스카운트'라는 말로 한국 주식시장의 평가를 스스로 깎아먹고 있습니다. 철저하게 대주주의 이익을 위주로 적용되는 기업 분할과 쪼개기 상장, 기관과 외국인들에게 절대적으로 유리한 공매도 제도 등등, 아니 21세기 대명천지에 어떻게 이런 불법스러운 제도가 버젓이 합법으로 돼있는 것인지 의문은 한두 가지가 아닙니다. 그중에 제가 취재하면서 느낀 우리 자본시장이 안고 있는 가장 큰 코리안 디스카운트는 무자본 M&A와 주가조작입니다. 이게 너무도 손쉽고 빈번하게 이뤄지고 있다는 사실입니다.

2019년 터진 '라임펀드 주가조작 사건' 그리고 2020년 세상 밖으로 나온 '도이치모터스 주가조작 사건', 두 사건에 모두 등장하는 인물이 한 사람 있습니다. 주가조작 선수로 알려진 '이OO'입니다. 김건희 여사가 증권계좌를 맡겨 주식 거래를 일임했다는 바로 그 인물입니다. 선수 이OO는 현재 도이치모터스 주가조작 사건 혐의로 재판을 받고 있습니다. 도이치모터스 사건의 시작부터 들여다보겠습니다.

2009년 도이치모터스 그리고 2013년

2013년 3월, 서울경찰청 중대범죄 수사과에 근무하던 황OO 경위는 코스닥 상장사인 도이치모터스에 주가조작 혐의가 있다는 내사보고서를 작성합니다. 모두 38페이지 분량의 내사보고서에는 도이치모터스 주가조작에 직·간접적으로 가담한 인물들 8명의 실명과 구체적인 역할, 주가조작 방법 등이 적혀 있었습니다.

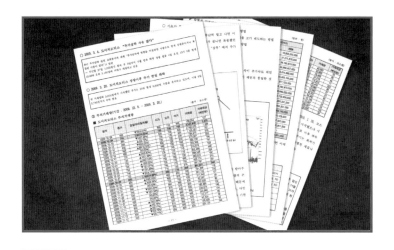

38페이지 분량의 '도이치모터스 주가조작' 관련 경찰 내사보고서

내사보고서에 등장하는 그 8명 가운데 한 명이 바로 지금의 대통령 영부인 김건희 여사입니다. 38페이지 분량의 내사보고서에 '김건희'라는 이름은 딱 두 번 등장합니다.

첫 번째 등장은 15페이지에 '도이치모터스 주주인 '김건희'를 강남구 학동사거리 근처 권오수 회장이 경영하는 미니 자동차 매장 2층에서 (주가조작 선수) 이○○에게 소개하고 주식을 일임하면서 신한증권 계좌 10억 원으로 도이치모터스 주식을 매수하게 하였음'이고, 두 번째 등장은 20페이지에 '2010년 2월 초순경 '김건희' 신한증권 10억 원 자금 조달'이라고 적시돼 있습니다.

이 내사보고서는 2013년 서울경찰청 중대범죄 수사과에서 작성됐습니다. 통상적으로 첩보나 인지를 통해 범죄행위가 의심되면 경찰은 내사에 착수합니다. 이를 통해 구체적인 범죄 정황이 확인되면 수사 단계로 넘어가는데, 도이치모터스 내사보고서도 내사 단계가 끝나고 수사 단계로 넘어가기 위해 작성됐습니다.

결과적으로 이 내사는 수사로 넘어가지 못했습니다. 뒤에서 자세히 설명하겠지만 그것이 핵심입니다. 왜 수사로 넘어가지 못했는지 말이죠. 2013년에는 범죄가 아니라던 사건이 8년이 지난 2021년엔 범죄행위였다며 관련 인물들이 줄줄이 구속되고 기소돼 재판을 받고 있습니다. 물론 한 사람만 빼고 말이죠. 현재는 범죄가 된 사건이 왜 8년 전엔 수사가 진행되지 않았는지가 중요합니다. 혹시 누군가 수사를 막은 건 아닌지 말이죠. 도이치모터스 주가조작 사건은 아직 재판이 진행 중입니다. 따라서 지금부터 기술하는 내용들은 경찰 내사보고서에 나오는 내용과 제가 취재해 확인한 부분들로만 한정해 설명하겠습니다.

경찰 내사보고서는 처음 도이치모터스가 상장하게 된 과정부터 자세히 기술하고 있습니다. 2008년 공장 자동화 부품을 생산하던 '다르앤코'라는 코스닥 상장업체를 비상장회사였던 도이치모터스가 인수하면서 두 회사는 합병됐습니다. 흔히 얘기하는 우회상장입니다. 정상적인 상장 절차를 밟으려면 자격 요건도 까다롭고 절차도 복잡하기에 흔히 '백도어'라 불리는 편법인 우회상장을 많이 합니다. 우회상장을 통해 증시에 입성하려는 회사를 조개의 진주에 비유해 '펄'이라 부르고, 우회상장에 이용할 껍데기 상장사를 '쉘'이라 부릅니다. 결국 펄(도이치모터스)은 쉘(다르앤코)과 합병하면서 사명을 도이치모터스로 결정하고, 2009년 1월 30일 코스닥에 입성합니다.

여기서 잠깐 도이치모터스가 도대체 어떤 회사인지 훑어보고 가죠. 독일 BMW 본사가 100% 투자해 설립한 BMW 코리아가 있고, BMW 코리아와 계약을 맺은 7개 딜러사가 있습니다. 코오롱, 한독 등인데 도이치모터스도 이 7개 딜러사 가운데 하나입니다. 그런데 도이치모터스가 원래 처음부터 BMW 딜러로 시작한 건 아니고, 대구에서 '두창섬유'라는 섬유 사업을 하던 회사였습니다. 섬유 사업이 사양 산업이다 보니 오너였던 권오수 회장이 사업 영역을 BMW 딜러로 넓힌 겁니다. BMW 코리아가 아무나 딜러로 선정하진 않습니다. 처음엔 강원도 지역 딜러권을 줬다고 합니다. 권오수 회장이 굉장히 공격적으로 영업과 마케팅을 펼쳤다고 합니다. 판매 실적이 우수했고, 그래서 서울 딜러권도 가져올 수 있었던 거고요.

그런데 도이치모터스가 그냥 BMW 차만 계속 잘 팔면 되는데, 어느 날 보니까 코스닥 상장을 준비하더라는 거예요. 딜러사가 말이죠. 그게 2008년 즈음이었습니다. 당시 BMW 코리아에서는 이를 불편하게 생각했다고 합니다. '아니 한국지사인 BMW 코리아도 상장이 안 됐는데, 일개 딜러사가 상장을 하겠다니, 더구나 딜러사는 본사에서 공급하는 BMW 차를 어떻게 하면 더 많이 팔 수 있을까에 집중해야 하는데, 상장하게 되면 차량 판매보다 주가 관리에 더 신경쓸 것 아니냐.' 이런 의견들이 BMW 코리아 내부에서 나왔습니다. 그러나 독립된 별개의 회사인 도이치모터스가 상장하겠다는데 못하게 강제로 막을 수는 없는 일이었죠. 결국 2009년 1월 30일 코스닥에 상장이 됐습니다. 그러나 상장 첫날 9,000원에 시작한 주가는 바로 내리막길을 걸었습니다. 연말엔 1,800원까지 곤두박질쳤습니다.

2009년 도이치모터스의 주가 현황

아니 한국에서 BMW가 그렇게 잘 팔리는데 주가가 왜 곤두박질쳤을까요? 도이치모터스는 뭘 만드는 회사가 아니라 그냥 자동차 딜러사, 일종의 대리점이잖아요? 주가는 그 기업의 미래가치, 성장 가능성과 잠재력 등을 보고 따라가는데, 도이치모터스의 경우 아무리 영업을 잘하고 마케팅 능력이 뛰어나다고 한들 만약 독일 BMW 본사나 한국지사인 BMW 코리아에서 어떤

분노가 세상을 바꾼다

이유에서 차를 공급해주지 않으면 문 닫을 수밖에 없는 기업이 잖아요. 그렇기에 주식시장에선 이 기업의 한계가 명확하다는 판단에서 주가가 오르지 못한 것입니다. 그런데 주가가 계속 떨어지던 2009년 5월 19일 도이치모터스에서 공시자료를 하나 냅니다. 대주주에 변동이 생겼다는 내용이었는데, 신규 대주주 명단에 '김건희'라는 이름이 등재됐습니다. 24만 8,052주를 취득했는데, 주식시장에서 공개적으로 매수해 대주주가 된 게 아니라 거래가 끝난 뒤 블록딜이란 장외거래 형식으로 취득했습니다.

누구에게서 블록딜로 샀을까요? 도이치모터스의 권오수 회장이 원래 두창섬유라는 대구의 섬유회사를 운영했다고 했잖아요? 두창섬유가 보유하고 있던 124만 주 가운데 24만 8,000주를 당시 김건희 여사에게 블록딜로 약 8억 원을 받고 넘긴 겁니다. 블록딜 거래가 있던 그날 도이치모터스 주가가 3,600원이었는데 블록딜 거래가는 3,225원으로 400원 가까이 할인해서 넘겼습니다. 당시 두창섬유와 김건희 여사가 무슨 관계여서 블록딜 거래가 이뤄진 것인지는 알 수 없지만, 이로써 김건희 여사는 도이치모터스 전체 지분의 2.1%를 보유한 대주주가 됐습니다.

그러나 도이치모터스 주식은 계속 떨어졌습니다. 앞서 언

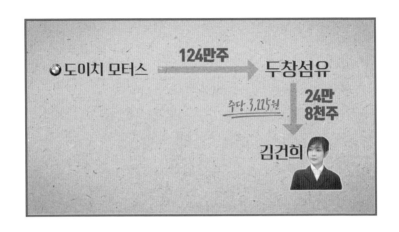

도이치모터스 전체 지분의 2.1%를 보유한 대주주가 됐던 김건희 여사.

급했듯이 2009년 1월 9,000원으로 시작한 주가는 그해 연말엔 1,800원대까지 떨어졌습니다. 권오수 회장 입장에선 일개 딜러사를 기업다운 기업으로 키우고 싶었던 욕심이 있었을 겁니다. 주가가 곤두박질치니 투자자들에게 면목이 안 서기도 했을 테고요. 경찰 내사보고서에는 2009년 11월 중순부터 주가조작 작전이 시작된 것으로 적혀 있습니다.

'(주가조작 선수) 이○○은 2009년 11월 중순경 서울 강남구 삼성동 공항터미널 부근 증권 브로커 정○○ 회장의 사무실에서 도이치

모터스 회장 권오수를 소개받고, 잦은 만남을 갖던 중 권오수로부터 시세조정 제의를 받고 이를 승낙하였음.'

● 경찰 내사보고서 13페이지

1단계로 작전세력을 규합하고 작전 시나리오를 구성한 뒤, 2010년 10월 초까지 약 10개월간 사전 정지작업을 펼칩니다. 동원된 선수들이 작전을 펼치는데 필요한 양의 도이치모터스 주식을 매집하면서 천천히 주가를 올렸습니다. 급하게 끌어올리면 걸릴 테니 말이죠. 내사보고서에선 이걸 '구렁이 작전'이라고 했습니다.

'권오수 회장은 도이치모터스의 유상증자 대금이 보호예수*에서 풀리면서 100만 주 정도를 이OO에게 매수를 받아달라고 지시했고, 이OO은 2009년 11월 말부터 주식을 매수하기 시작했으며, 1,800원대였던 도이치모터스 주식은 2010년 1월 말에는 2,500원까지 주가를 올렸음.'

● 경찰 내사보고서 14페이지

*보호예수: 증권회사 등이 투자자의 유가증권 및 중요 물품 등의 안전한 보관과 매도의 편리를 위해 이를 보관하는 것을 말한다. 이 기간에 투자자는 단 1주도 매각할 수 없다.

주가조작에 사용될 실탄, 즉 자금을 댈 '쩐주(錢主)'들도 모집합니다. 김건희 여사도 당시 쩐주 가운데 한 명이었다고 적시하고 있습니다. 경찰 내사보고서엔 모두 실명이 적혀 있으나 여기서 실명을 모두 공개하진 않겠습니다.

'주가를 부양하기 위해 서울 강남구 삼성동 소재 오크우드 호텔 5층 라운지에서 2010년 2월 초순경 권오수 (도이치모터스) 회장이 (주가조작 선수) 이OO에게 김△△, 양OO 등을 소개시켜 주었고, 증권계좌를 위탁하면 높은 수익과 원금을 보장하겠다고 제의하여 도이치모터스 주주였던 양OO가 삼성증권 계좌를 위탁하였음, 그 후 또 다른 도이치모터스 주주인 '김건희'를 강남구 학동사거리 근처 권오수 회장이 경영하는 미니 자동차 2층 매장에서 이OO에게 소개하고 주식을 일임하면서 신한증권 계좌 10억 원으로 도이치 주식을 매수하게 하였음.'

● 경찰 내사보고서 15페이지

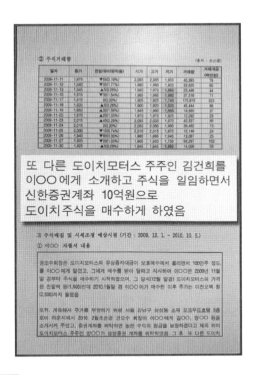

'도이치모터스 주자고작 사건'에 대한 경찰 내사보고서의 15페이지 내용

이 내사보고서가 작성된 시기는 2013년 초였습니다. 그때만 해도 '김건희'라는 이름이 대수롭지 않게 넘어갔을 수 있습니다. 지금이야 유명한 이름이지만, 당시에야 경찰은 그냥 주가조작에 밑천을 댄 '쩐주'들 가운데 한 명이라 판단했을 겁니다. 내사보고서에 김건희 여사의 신한증권 계좌와 현금 10억 원을 위임받

았다는, 주가조작 선수로 알려진 이OO는 2021년 검찰에서 도이치모터스 사건을 수사하자 도주했다가 체포돼 현재 재판을 받고 있습니다.

제가 이OO을 직접 만나보진 못했습니다. 만나서 직접 얘기하는 건 한사코 거부하더라고요. 하지만 다섯 차례 전화 통화로 얘기를 나눴고, 통화에서는 여러 이야기를 들려줬습니다. 물론 이OO의 말이 모두 사실이라 단정할 순 없습니다. 건네준 얘기가 사실인지 아니면 자신이 빠져나가기 위해 거짓으로 꾸며낸 것인지 가려내는 게 바로 취재입니다.

처음 이OO와 통화한 건 2021년 2월이었습니다. 자신은 "김건희 씨를 몇 번 만난 건 사실이지만 도이치모터스 주가조작 사건과 전혀 관계없다"고 항변했습니다. 이OO가 말하는 내용은 사실과 거짓이 뒤섞여 있다는 점 다시 한번 감안하시고, 당시 통화 내용을 보시기 바랍니다.

이OO: 아는 선배가 강남에 있는 BMW 미니 자동차 매장에 잠깐 들르자고 해서 거기서 권오수 회장을 잠깐 만났는데, 김건희 씨

분노가 세상을 바꾼다

가 거기 있어서 만나게 된 거죠.

기자: 우연히 그냥 갔는데 있더라는 거예요? 미니 자동차 매장에서?

이OO: 네, 저는 (당시엔) 김건희 씨를 전혀 몰랐기 때문에 거기 김건희 씨가 있을 것이라고는 생각 못했어요.

기자: 그래서 김건희 씨한테서 신한증권 계좌하고 돈 10억 원을 위임받으셨습니까?

이OO: 그거는 정말 사실과 다른 얘기고요. 제가 김건희 씨와 그렇게 친한 사이가 아니었기 때문에 주식계좌나 10억 원을 위임받았다는 자체가 말이 안 돼요.

권오수 회장이랑 두어 번 같이 본 것뿐이고, 그것도 주식 때문에 본 게 아니에요.

기자: 김건희 씨 주식을 관리해준 적이 없다는 건가요?

이OO: 전혀 그런 일 없었습니다. 제 얘기를 100% 믿지 못하시겠지만 제가 어떤 불법적인 일을 했어야만 증거자료를 보여드릴 거잖아요? 그런 일을 하지 않았기 때문에 기자님이 의심하는 부분에 대한 반박 자료를 보여드리지 못하는 거예요.

● 2021년 2월 이OO와의 통화 내용

이OO가 김건희 여사의 주식을 관리한 적이 없다는 건 거짓말입니다. 다음은 윤석열 대통령이 대선 후보 시절 캠프 법률팀에서 밝힌 내용입니다.

'윤석열 후보 배우자(김건희)는 '골드만삭스 출신 주식 전문가이니 믿고 맡기면 된다'는 말을 믿고, 2010년 1월 14일 이모 씨에게 신한증권 주식계좌를 일임하였습니다. 당시는 윤 후보와 결혼하기 전의 일입니다.'

● 2021년 10월 20일, 윤석열 국민캠프 법률팀

도이치모터스의 주가를 본격적으로 끌어올리는 작전은 2010년 10월 개시됩니다. 다섯 달 만인 2011년 3월 30일엔 8,380원을 찍습니다.

'2010년 10월경부터 2011년 3월 사이에 (쩐주) 양OO가 권오수 회장으로부터 소개받은 모씨에게 65만 주 주식을 맡기고 작전에 계속 참여하면서 20억 원 상당을 명동 사채시장에서 주식을 담

분노가 세상을 바꾼다

보로 맡기고 자금 100억 원을 동원하였음. (주가조작 선수) 이OO도 명동 사채시장에서 도이치모터스 주식을 담보로 15억 원을 마련하고 애플투자증권 명동지점에서 계좌 2개를 확보해 이를 이용해 도이치모터스 주식 200만 주를 매수하면서 본격적으로 주가를 부양하였음.'

● 경찰 내사보고서 24페이지

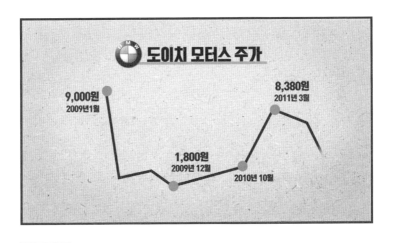

도이치모터스의 주가 변동

주가가 이렇게 급등한 데는 언론의 역할(?)도 컸습니다. 2011년 1월 〈매일경제〉 신문에 세계 3대 사모펀드 가운데 하나인 미국의 '블랙스톤'이 도이치모터스를 인수하기로 했다는 단독기사가 실립니다. 블랙스톤 같은 세계적인 펀드가 왜 한국의 조그만 자동차 딜러사를 인수하려는지 이해할 수 없는 일이지만, 이 소식은 도이치모터스 주가에 엄청난 호재로 작용했습니다.

117조 원을 굴리는 세계 3대 사모펀드가 한국의 딜러사를 인수한다면 당연히 그 딜러사에게서 뭔가 큰 가능성을 발견했다는 얘기고, 투자 계획도 뒤따를 테니 주가가 뛸 수밖에 없죠. 물론 후일 이 뉴스는 가짜뉴스로 밝혀졌습니다. 도이치모터스 주가는 2011년 3월 정점을 찍은 뒤 다시 하락하기 시작했습니다. 작전이 성공했으니 세력들은 실현한 이익을 서로 배분하고 박수치며 헤어졌을 겁니다. 그런데 그게 끝이 아니었습니다.

작전이 끝나고 2년이나 지난 2013년 초 갑자기 경찰 내사가 시작됩니다. 이상하죠? 두 달도 아니고, 2년이나 지난 뒤에 난데없이 왜 경찰이 이 사건을 내사했을까요? 그리고 내사보고서를 보면 굉장히 구체적으로 참여한 인물들이 어디서 어떻게, 또 누구 소개로 만나게 됐는지까지 자세히 묘사돼 있습니다. 경찰 수사가 아무리 뛰어나다고 한들, 어떤 부분은 범행 당사자가 아니라면 알 수 없는 세밀한 내용까지도 적시됐습니다. 이 사건은 사실 아주 우연히, 어찌 보면 코미디 같은 일 때문에 경찰 수사망에 걸려들었습니다. 경찰 내사가 시작된 계기는 다음 편에서 이어가겠습니다.

2013년
서울경찰청
중대범죄 수사과

2013년 서울경찰청 중대범죄 수사과에서 한 시중은행과 연관된 횡령 사건을 수사하게 됩니다. 그리고 그 사건의 피의자 가운데 한 명인 '정○○'의 노트북을 압수합니다. 노트북에는 2010년부터 2011년 사이에 벌어졌던 '도이치모터스 주가조작' 사건 과정과 방법이 자세히 기록돼 있었습니다. 노트북의 주인인 정○○이 도이치모터스 주가조작에 가담한 공범 8명 가운데 한 명으로 당시 쩐주로 가담했었거든요. 정○○은 무슨 이유에선지 도이치모터스 주가조작 과정을 세세하게 기록해 놓았습니다. 주가조작 선수였던 이○○과는 형, 동생 하는 친한 사이였기에 구체적인 범행 과정과 수법을 곁에서 보고 들어서 알 수 있었을 테고, 아마도 후일 자신만의 또 다른 범행을 준비하기 위해 방법을 기록해둔 교본(?)일 수도 있습니다.

　재수 없게도(?) 범행이 성공한 지 2년이나 지난 뒤, 전혀 별개의 횡령 사건에 노트북을 압수당했고, 당시 경찰청 중대범죄 수사과에서 금융 범죄 수사를 전담하던 황OO 경위가 이 사실을 알게 돼 내사를 벌인 겁니다. 그러나 이 사건은 앞서 언급한 대로 내사 단계에서 정식 수사 단계로 넘어가지 못했습니다. 이렇게 구체적인 범죄 정황이 38페이지짜리 장문의 보고서로 작성됐는데 왜 정식 수사 단계로 넘어가지 못했을까요? 경찰 내사보고서는 아래와 같은 내용으로 끝을 맺고 있습니다.

　'도이치모터스의 주가 차트를 확인해 보면 전형적인 '작전' 주가 패턴이 확인됨. (중략) 특히 제보자 '정OO'의 진술과 주가 패턴이 일치하고 있음을 확인했음. 보다 정확한 가장매매, 허수주문 등을 분석하기 위해서는 한국거래소 시장감시팀에서 보관하고 있는 주식매매 거래장 등이 필요하며 시세조정 혐의를 확인할 수 있는 '심리분석 보고서'를 확보해야 할 것임'

● 경찰 내사보고서 38페이지

모든 주식 거래 내역은 한국거래소(KRX)에 보관돼 있습니다. 특정 주식에 대한 거래 패턴이 주가조작 등 범죄 의심이 들 경우, 해당 주식을 사고판 인물들의 거래 내역을 분석해 금융감독원에 통보합니다. 이게 바로 '심리분석 보고서'입니다. 물론 주가조작 과정이 치밀해 일상적인 모니터링 과정에서 걸려들지 않는 경우도 있는데, 수사 과정에서 주가조작 혐의가 있을 경우 한국거래소에 특정 주식의 '심리분석'을 요청할 수 있습니다. 경찰 내사보고서에는 도이치모터스 주가조작 혐의에 대한 당사자들의 구체적인 기록들은 확보됐으니, 가장 확실한 물적 증거로 심리분석 보고서를 요청해 확보해야 한다고 끝을 맺었습니다.

　그러나 2013년 당시 한국거래소에서 도이치모터스 주식 거래에 대한 심리분석은 이뤄지지 않았습니다. 주식 거래를 한 인물들의 개인정보가 담겨 있기 때문에 심리분석은 경찰이 해달라고 해서 그냥 해주는 게 아니라 영장이 필요합니다. 영장은 검찰이 청구해 법원이 발부합니다. 경찰 내사 단계에서 수사 단계로 넘어가려면 검찰의 수사 지휘를 받아야 합니다. 검찰에 내사보고서를 제출하면서 확실한 증거인 심리분석을 하려면 영장이 필요하다는 요청도 있었을 겁니다. 그러나 7개월 뒤인 2013년 10월 도이치모터스 주가조작 사건에 대한 내사는 수사 단계로 넘어가지 못하고 내사 종결됩니다.

당시 내사보고서를 작성한 경찰청 중대범죄 수사과 황OO 경위는 당시 상황에 대해 일체 입을 열지 않고 있습니다. 가능성은 여러 가지입니다. 황 경위가 스스로 무슨 이유에서든 사건을 덮어버렸을 가능성, 아니면 검찰에 내사보고서를 제출했는데 검찰이 뭉갰을 가능성도 있습니다. 심리분석 영장을 요청했는데 검찰이 영장 청구를 거부했을 수도 있고, 영장은 청구됐는데 법원이 영장을 발부하지 않았을 가능성도 있습니다.

내사보고서에 따르면, 도이치모터스 주가에 대한 작전은 2011년 초 종료됐습니다. 그리고 1년 뒤인 2012년 3월, 윤석열 당시 대검찰청 중수 1과장은 김건희 여사와 결혼하고, 그해 7월 서울중앙지방검찰청(이하 중앙지검) 특별수사 부장으로 승진합니다. 그리고 이듬해 2013년 3월 경찰 내사가 우연한 계기로 시작됩니다. 경찰 내사가 있던 시점에 김건희 여사는 윤석열 중앙지검 특수부장의 부인이었습니다. 경찰은 '김건희'라는 이름을 모를 수 있지만, 검찰은 누군지 알았을 가능성이 큽니다. 요직을 두루 거친 특수통 부장 검사의 부인 이름이 적혀 있는 내사보고서를 받아본 담당 검사는 어떤 생각이 들었을까요?

분노가 세상을 바꾼다

당시 왜 수사로 넘어가지 못했는지 상황을 누구보다 잘 아는 사람은 내사보고서를 작성한 황OO 경위일 것입니다. 그는 왜 입을 다물고 있는 걸까요? 먼저 생각해볼 수 있는 건, 이 사건은 처음부터 경찰이 인지하거나 고소·고발이 들어와 수사한 게 아니라는 사실입니다. 별개의 횡령 사건을 수사하다 발견한 정OO의 노트북에서 우연히 주가조작 사건을 알게 된, 이른바 '별건 수사'였기 때문에 이 부분이 황 경위 본인에게 불리하게 작용할 것을 우려했을 수 있습니다. 어쩌면 처벌받을 수도 있다고 생각했을 수 있습니다. 별건 수사는 불법이니까요. 그게 아니면 흔히 말하는 '엿 바꿔 먹었을' 가능성도 있습니다. 자신이 내사한 범죄혐의 당사자를 협박해 돈을 받고 덮어버렸을 가능성 말이죠. 오랜 기간 황 경위를 만나보려 했으나 일체 연락을 받지 않았습니다.

그렇다면 이 내사보고서는 어떻게 세상에 나오게 된 걸까요? 2013년 작성된 내사보고서가 세상에 나온 건 7년이 지난 2020년 2월 17일 〈뉴스타파〉에 보도되면서였습니다. 당시 기사 제목이 '윤석열 아내 김건희 주가조작 연루 의혹, 경찰 내사 확인'이었습니다.

'도이치모터스 주가조작 사건'과 김건희 여사의 관련 내용을 가장 먼저 보도한 〈뉴스타파〉

당시 이를 취재했던 〈뉴스타파〉 심인보 기자는 과거 KBS에 근무했을 때도 후배지만 제가 존경했던 기자였기에 신뢰를 가지고 만나서 자세한 얘기를 들어봤습니다. 그리고 이후 저도 뛰어들게 된 거고요. 정말 궁금했거든요. 누가 수사를 뭉갰는지 말이죠.

내사보고서를 작성한 경찰은 황OO 경위였지만 언론에 이 보고서를 제보한 경찰은 황 경위의 동료 송OO 경감이었습니다.

분노가 세상을 바꾼다

당시 금융범죄 수사는 거의 검찰이 전담하고 있었고, 경찰이 자본시장이나 주가조작, 회계 관련 수사를 하면 검찰에서 '그걸 왜 당신들이 하냐'는 분위기였다고 합니다. 송 경감은 경찰도 세무나 기업 회계 같은 자본시장 관련 수사를 담당할 필요가 있다고 생각해서 개인적으로 자료를 모으고 공부하는 중이었다고 합니다. 그러던 중 황 경위가 예전에 자본시장 관련된 수사를 했다는 얘기를 듣고 공부에 도움 될 만한 수사 사례집 같은 게 좀 없느냐고 했더니 도이치모터스 내사보고서를 건네주더라는 거죠. 그때가 2019년 9월이었습니다.

당시 조국 청와대 민정수석이 법무부 장관에 내정되면서 조국, 정경심, 윤석열 이름과 함께 김건희라는 이름도 언론에 자주 오르내릴 때였습니다. 내사보고서를 읽는 동안 '아, 선수들은 이런 수법들을 쓰는구나. 생각보다 어렵지 않은데?'라고 느끼며, 세 번쯤 읽어봤다고 합니다. 등장인물들을 정리하면서 '김건희'라는 이름이 눈에 들어왔는데, 어디서 많이 들어본 이름 같아서 자료를 검색해보니 도이치모터스와 도이치파이낸셜(도이치모터스의 차량 구매 금융 자회사) 기업 공시 자료에 그 이름이 여러 번 뜨더라는 겁니다. 뒤이어 인적사항도 확인했더니 동명이인이 아닌 검찰총장의 부인, 그 김건희 여사가 맞더라는 걸 확인하게 된 거죠. 그래서 내사보고서를 작성한 황 경위에게 물었다고 합니다. 알았었냐고 말이죠. 황 경위는 당시엔 김건희가 누군지 알지 못했고, 심리분석 단계까지 내사가 진행된 게 아니었기에 그 김건희 여사라고는 상상도 못했다며 깜짝 놀라더라는 겁니다.

7년간 꼭꼭 숨어있던 내사보고서가 세상에 나오게 된 배경입니다. 그런데 처음 송OO 경감이 내사보고서를 제보한 언론사는 〈뉴스타파〉가 아니었습니다. 2019년 10월 S일보 경찰청 출입 기자에 먼저 제보했다고 합니다. 어찌 된 일인지 기사는 나오지 않았습니다. 그래서 두 달 뒤 12월 〈뉴스타파〉에 다시 제보했고, 2020년 2월 〈뉴스타파〉에 '윤석열 아내 김건희, 주가조작 연루 의혹 경찰 내사 확인'이라는 제목으로 보도됩니다. 공익을 위한 제보였다고는 하나 경찰 내부보고서가 유출됐으니 문제가 됐습니다. 황 경위와 송 경감은 조사를 받았고, 내사보고서를 작성한 황 경위는 기소를 면했지만, 문건을 유출한 송 경감은 결국 기소돼 재판을 받았습니다. 검찰은 송 경감에게 징역 1년을 구형했으나 재판부는 징역 4개월에 선고유예*라는 비교적 가벼운 판결을 내렸습니다.

*선고유예: 범행이 가벼울 때 2년 동안 선고를 미루고, 그 기간

문제가 없으면 선고를 면제하는 제도.

재판부는 송 경감이 비밀을 유지해야 할 공무원의 본분을 저버렸지만 대가를 받은 적이 없고, 도이치모터스 주가조작 수사가 다시 개시되도록 공익에 이바지한 점을 고려했다고 양형 이유를 밝혔습니다.

사건의 내막을 잘 아는 또 한 사람이 있습니다. 바로 정OO, 도이치모터스 주가조작 과정을 기록해둔 노트북을 다른 엉뚱한 사건으로 경찰에 압수당하면서 내사에까지 이르게 한 장본인 말이죠. 정OO는 과거 주소지가 유일한 단서였는데, 이미 이사한 지 오래였고 전혀 찾을 길이 없었습니다. 마지막 수단으로 주가조작 선수 이OO에게 직접 물어보기로 했습니다. 경찰 내사 보고서에는 정OO가 '제보자'로 적시돼 있습니다. 물론 정OO이 제 발로 경찰에 찾아가 제보한 건 아니고, 노트북을 뺏기는 바람에 범행이 들통난 것이지만 아마도 황OO 경위는 별건 수사였기에 보고서에 정OO을 제보자라고 적시했을 것으로 추정됩니다. 선수 이OO와의 통화에서 정OO가 제보자였다는 것을 일부러 알려줬습니다. 정OO와 연결될 수 있는 마지막 방법이었으니까요.

기자: 정OO 씨라고 아시죠? 친하신가요? 좀 뜬금없긴 하지만.

이OO: 예. 친한 형이었는데, 왜요?

기자: 경찰에 이 사건을 제보한 사람이 정OO 씨거든요. 아셨는지, 모르셨는지 모르겠습니다만.

이OO: (놀라면서) 정OO 형이 제보를 했다고요? 정말이에요?

기자: 네, 경찰 내사보고서에 보면 제보자가 정OO 씨라고 써 있거든요.

이OO: …(한동안 말을 잇지 못했습니다).

기자: 내사보고서에는 제보자 정OO 씨 진술이라고 하면서, 이OO이 주가조작을 주도했고 범행 수법도 굉장히 구체적으로 나와있거든요.

이OO: 그 형이 왜 제보를 해요? 뭘 안다고?

기자: 아, 모르셨구나. 정OO 씨가 제보자였다는 걸?

이OO: 네. 전혀 몰랐습니다. 저하고 사이가 나쁜 관계도 아니었거든요.

기자: 혹시 지금도 정OO 씨와 연락하시나요? 제가 한번 통화해볼 수 있을까요?

이OO: 가끔 연락하는데, 전화번호를 알려드릴 순 없고, 일단 제가 한번 확인해보고 다시 연락드리겠습니다.

● 2021년 6월 주가조작 선수 이OO와의 통화 내용

얼마 뒤, 다시 선수 이OO와 통화했습니다.

　　이OO: 제가 정OO 형하고 통화해 알아봤는데, 밀고한 게 아니고요. 다른 사건으로 경찰에 노트북을 뺏겼다고 하더라고요.

　　기자: 그럼 그 내사보고서 내용 자체는 사실입니까?

　　이OO: 전혀 사실이 아닙니다. 단언컨대.

　　기자: 그럼 정OO 씨는 왜 이OO 씨를 주가조작 선수라고 하고 범행을 주도했다고 자신의 노트북에 기록해놓은 거죠?

　　이OO: 그 형이 왜 저를 그렇게 말했는지는 모르겠지만, 당시에 저도 도이치모터스 주식을 갖고 있었고, 주변에 아는 사람들한테도 사라고 권유하고 다녔거든요. 그런 과정에서 제가 무슨 말을 해줬으니까 정OO 형이 그렇게 기록해 놓았겠죠. 다만 제가 무슨 얘기를 해줬는지 기억은 안 나지만, 솔직히 말씀드리자면 제가 좀 블러핑(과장)이 있었지 않았겠나 싶습니다. 정OO 씨가 터무니없는 얘기를 지어낼 사람은 아니고, 제가 뭔가 얘기한 게 있었으니까 그렇게 기록해 놓았겠죠.

기자: 그러면 당시 정OO 씨는 노트북을 압수당하기까지 했으니 경찰에서 도이치모터스 건을 수사하려는 것을 다 알고 있었을 것 아닙니까? 두 분이 서로 친한 형, 동생 사이로 지냈다면서 당시에 그럼 정OO 씨가 경찰에서 지금 도이치모터스 수사하고 있다고 알려주지도 않았나요? 지난번 저랑 통화하실 때는 전혀 몰랐었다고 얘기하셨었잖아요?

이OO: 다시 잘 생각해보니 2013년 그때쯤 정OO 형한테서 전화가 왔었어요. 자기가 도이치모터스 주식 관련해서 그냥 유추해서 노트북에 기록해 놓은 게 있었는데, 경찰에 노트북을 뺏겼다면서 저한테 전화를 했어요.

경찰이 도이치모터스 주식에 대해 이것저것 묻더라면서 미안하다고, 괜히 너 골치 아플 수도 있을 것 같더라. 그러길래 제가 형, 장난하냐, 지금 무슨 소설 같지도 않은 얘기를 하고 있느냐, 내가 그냥 좀 과장해서 말한 건데… 그렇게 얘기했던 기억이 납니다.

기자: 그럼 2013년 그 당시에도 경찰이 도이치모터스 주가조작 혐의로 이OO 씨 본인을 주범으로 보고 내사를 벌이고 있다는 사실을 알고 있었다는 거네요?

이OO: 경찰에서도 저한테 그 당시에 전화가 왔었어요. 권오수 회장을 아느냐, 만나서 좀 자세한 얘기를 듣고 싶다고. 그래서 저는 주가조작을 한 사실도 없고, 따라서 만날 이유도 없고, 만나고 싶지도 않다 했더니, 알겠다 하고 끊었습니다. 그 이후론 경찰에서 전화 온 적 없습니다.

● 2021년 6월 주가조작 선수 이○○와의 통화 내용

이○○의 말을 100% 신뢰할 순 없습니다. 거짓말하고 있는 것 아니냐, 앞뒤가 맞지 않는다고 했지만, 이○○는 자신이 평소에도 좀 과장해서 말하는 습관이 있다고 했습니다. 자신의 말을 믿어달라고 강요할 수는 없지만, 당시 자신도 권오수 회장이 권해서 도이치모터스 주식을 많이 사뒀다가 오히려 손해만 봤다고 주장했습니다.

"정확히 말씀드리면 권오수 회장이 회사가 좋아질 것이라고 얘기하셨고요. 대표이사가 그렇게 얘기하니까 저도 주변 사람들한테 가서 도이치모터스 좋아진다고 얘기해줬어요. 그런데 주가가 권오수 회장이 얘기한 대로 그렇게 진행이 안 됐으니까… 회사가 좋아지거나 이런 실적도 없고 하니까. 그래서 저희는 다 손절하고 나왔죠. 그러면서 저도 도이치모터스 권했던 주변 사람들한테 많이 시달리면서 몸도 나빠지고 해서 권오수 회장한테 '당신 정말 그

렇게 살지 말아라'라고까지 얘기했어요. 그 후론 권오수 회장을 본 적도 없습니다."

● 2021년 6월 주가조작 선수 이○○와의 통화 내용

⎯⎯⎯

쩐주 가운데 한 명이었던 정○○은 당시 범죄에서 중요한 역할을 한 인물이지만, 무슨 이유에서인지 도이치모터스 수사에선 수사선상에서 빠져 있었고, 기소도 되지 않았습니다. 현재 진행 중인 재판에서도 몇 차례 증인으로 채택됐지만, 재판에 출석하지 않고 있습니다.

2020년 도이치모터스 주가조작 혐의 수사

2020년 2월 〈뉴스타파〉의 보도가 나온 뒤, 당시 열린민주당 최강욱 대표와 황희석 최고위원이 두 달 뒤 2020년 4월 도이치모터스 주가조작 의혹을 검찰에 고발하면서 검찰 수사가 시작됩니다. 그러나 중앙지검 형사부에 배당된 이 사건은 수사에 별다

른 진전이 없었습니다. 그러다가 그해 9월 김건희 여사의 어머니 최은순 씨가 과거 부동산 관련 사업을 같이했던 고OO와 통화한 녹취가 공개되면서 다시 한번 언론의 주목을 받게 됩니다.

> 고OO: 그때 도이치모터스, 그건 회장님이 했었잖아.
>
> 최은순: 어, 그럼. 그거는 벌써 이천 몇 년인가 뭐.
>
> 고OO: 그래서 나는 그때 왜 회장님이 한 건데, 왜 따님이 한 걸로 나오지? 속으로 그랬다니까.
>
> 최은순: 응, 그러니까.
>
> ● 2020년 2월 26일, 최은순과 고OO의 통화 내용

고OO를 만나 전후 사정을 들어보니 최은순 씨와 오래전부터 알고 지낸 사이였는데, 예전부터 최씨가 자신이 BMW 주식을 엄청 많이 갖고 있다고 자랑하고 다녔다고 합니다. 주변에 BMW 차 갖고 있는 사람들 혹시 차 고장 나면 자기 이름 대면 싸게 수리받을 수 있다는 식으로도 얘기를 했다는 겁니다. 그리고 도이치모터스라는 주식이 그렇게 흔한, 많이 들어본 주식이 아니어서 기억을 하고 있었는데, 〈뉴스타파〉에서 최은순 씨가 아닌 딸 김건희 여사가 도이치모터스 주식과 연루됐다고 나오니

주식을 갖고 있었던 건 딸이 아니라 엄마인 최은순 씨 아니었냐고 물어봤다는 겁니다. 물론 고OO가 물어본 건 단순히 도이치모터스 주식 갖고 있었던 게 엄마인 최은순 씨 아니었냐는 거지, 그때 주가조작이 있었는지에 대해서는 전혀 알지 못한다고 말했습니다. 언뜻 보면 별거 아닌 해프닝일 수 있지만, 여기서 더 중요한 얘기가 오고갑니다.

> 최은순: 그때 우리 애(김건희)가 교수직에 있었기 때문에 아무것도 안 했어. 아무것도 안 했기 때문에… 그리고 그게 그 뭐지? 그 '(공소)시효'가 다 지난 거래.
>
> 다른 사람이 했어도 다. 그랬기 때문에 걔네들이 손을 못 댄 거지. 그렇지 않았으면 가만히 있었겠나?
>
> ● 2020년 2월 26일, 최은순과 고OO의 통화 내용

물어보지도 않았는데 갑자기 공소시효가 다 지났다는 얘기를 꺼냅니다. 도이치모터스 주식을 당시 김건희 여사가 갖고 있었든, 어머니인 최은순 씨가 갖고 있었든 보유하고 있는 것 자체는 아무 죄가 되지 않습니다. 그런데 공소시효를 알아봤다는 건,

뭔가 문제가 될 만한 일이 있었으니 알아봤다는 얘기잖아요? 그런데 이 통화 녹취가 공개된 지 닷새 뒤 중앙일보에서 '도이치모터스 회장 尹 처가 의혹, 금감원 무혐의 통보'라는 제목의 단독 보도가 나옵니다. 권오수 도이치모터스 회장이 언론 인터뷰에 응한 건 이 보도가 유일했습니다.

2020년 9월 24일, 중앙일보

권 회장은 24일 서울 성동구 도이치모터스 본사에서 진행된 중앙일보와의 인터뷰에서 "2013년 말 금융감독원에서 도이치모터스 주가조작 의혹으로 두 차례 조사를 받았다. 그때 이미 금감원이 한국거래소를 통해 심리를 거친 결과 '주가조작 혐의가 없다'고 나에게 통보했다"고 말했다. "금감원 조사 당시 카메라를 켜놓고 진행했고, 자료가 다 있을 것"이라며 "주가조작이 사실이 아니기 때문에 김건희 씨가 연루됐다는 의혹 등은 아무런 의미가 없다"고 말했다.

● 2020년 9월 24일, 중앙일보

당시 저도 이 기사를 보면서 '아, 내가 헛다리를 짚었구나!'라고 생각했습니다. 이미 2013년 당시 금융감독원에서 한국거래소에 요청해 심리분석을 했고, 주가조작 혐의가 없다고 통보했다는 거잖아요? 심리분석이란 한국거래소에 기록으로 남아있는 특정 주식을 사고판 사람들의 거래 패턴을 분석하는 것으로 주가조작이 있었느냐 없었느냐를 판단하는 중요한 근거가 됩니다. 앞서 경찰 내사보고서에서도 확실한 증거를 확보하기 위해선 이 심리분석 보고서가 필요하다고 적시했는데, 심리분석은 검찰이 영장을 청구해야만 확보가 가능하거든요. 주식 거래자들의 개인정보가 들어있기 때문에 말이죠.

당시 무슨 이유에선지 심리분석이 이뤄지지 않았고, 그래서 내사가 종결된 걸로 판단했는데 권오수 회장 말로는 당시 심리분석이 있었다는 주장이거든요. 카메라를 켜놓고 조사받았다는 구체적인 진술까지 있어서 거짓말 같아 보이지 않았습니다. 그래도 확인은 해봐야죠. 금감원에 전화로 물어봤습니다. 2013년 당시 도이치모터스에 대한 조사가 있긴 있었답니다. 그런데 그게 주가조작에 대한 조사는 아니었다는 겁니다.

그 당시 공교롭게도 도이치모터스 대주주가 일부 변동된 적이 있었는데, 이것도 공시 의무 사항이거든요. 도이치모터스가 대주주 변동 신고를 하지 않아서 권오수 회장 조사를 한 적은 있다는 거예요. 대주주 공시 위반은 주가조작 같은 범죄와는 차원이 다르죠. 물론 권오수 회장이 착각했을 수도 있습니다. 조사받은 지 7년 이상 지난 일이니 그때 금감원에서 대주주 변동에 대한 조사받은 걸 주가조작 혐의로 조사받았다고 착각했을 수 있습니다.

권오수 회장 본인은 백번 양보해 착각했을 수 있다 하더라도, 언론은 확인하는 게 의무입니다. 이해 당사자가 언론 앞에 인터뷰했을 때 거짓말인지 아닌지 확인하는 건 언론이 반드시 해야 할 의무이자 일종의 프로토콜입니다. 확인이 대단히 어려운 것도 아니죠. 금감원에 전화 한 통 하면 간단히 확인할 수 있는 사실인데, 사건의 한가운데 서 있는 당사자의 말만 믿고 그대로 보도하는 건 상식적으로 이해하기 힘든 행동입니다. 중앙일보 기자가 당연히 확인해 봤을 것이라고 지레짐작하지 않고 제가 다시 확인했던 것도 그런 이유 때문이거든요. 그런데… 그런데 말이죠. 고발 이후 지지부진하던 도이치모터스 주가조작 의혹 수사가 급반전되는 일이 벌어집니다. 문제의 그 '심리분석 보고서'가 나왔거든요.

2020년 11월 3일
심리분석 보고서

2020년 11월 3일, 서울중앙지검은 출입기자들에게 한 통의 문자 메시지를 발송합니다. 도이치모터스 주가조작 의혹과 관련해 한국거래소에 의뢰했던 심리분석 결과를 받았다는 내용입니다. 한국거래소에는 과거 거래 내역이 모두 남아있으니 2011년 전후 도이치모터스 주식 거래에 이상한 거래 패턴이 있었는지 없었는지 심리분석 해달라고 요청했고, 그 결과를 받았다는 의미였습니다.

　물론 분석 결과가 공개되진 않았습니다. 그런데 이때부터 검찰 내 수사 담당 부서가 바뀝니다. 그전까지 중앙지검 형사 6부에서 담당하던 도이치모터스 주가조작 의혹 사건은 한국거래소의 심리분석 결과를 받은 바로 다음 날(2020년 11월 4일) 반부패 수사 2부로 배당됩니다. 반부패 수사부는 과거 검찰 특수부입니다. 심리분석 결과가 나온 바로 다음 날 지식재산과 문화범죄 등을 주로 다루는 부서인 형사 6부에서 반부패 수사 2부, 과거 특수부로 배당이 바뀐 건 물론 우연일 수도 있습니다. 가장 결정적인 증거가 될 수 있는 심리분석 보고서에 '주가조작 혐의 없음'이라는 결론이 나왔다면 사건을 재배당하고 말고 할 것도 없이 종결시키는 것이 당연합니다. 도이치모터스 사건은 이미 대통령 선거를 앞두고 정치적인 사건이 돼버렸기에 일부러 질질 끌면 검찰이 쓸데없는 오해를 받을 소지가 다분했거든요. 그래서 사건 배당이 반부패 수사 2부로 바뀐 데 대해 당시 검찰 출입기자들 사이에선 심리분석 결과가 '주가조작 혐의 있음'으로 나온 것 아니냐는 추측이 돌았습니다.

이듬해 2021년 3월 윤석열 당시 검찰총장이 사임했습니다. 주가조작 주범으로 지목된 선수 이OO에 대한 수사망도 좁혀지기 시작했습니다. 2021년 10월 검찰은 선수 이OO에 구속영장을 청구했습니다. 그런데 주가조작 선수 이OO는 구속 전 피의자 심문을 앞두고 돌연 잠적했습니다. 이OO가 잠적하기 전 마지막 통화를 했습니다. 이OO는 당시 수사망이 자신에게 향하고 있다는 사실을 알고 있었고, 마지막 통화에서 중요한 사실을 털어놨습니다.

이OO 자신은 도이치모터스 주식을 손해 보고 다 팔았지만, 그 후 도이치모터스 주가가 급등하기 시작해 무슨 일인지 알아봤다는 겁니다. 주가 패턴을 보면 누군가 작업을 한 것은 맞다며, 누가 진짜 주가조작 범인인지 언급했습니다.

이OO: 제가 볼 때는 한 2010년 9월 말부터 보시는 게 맞을 것 같아요. 왜냐면 주가를 보니까. 9월부터 매수세가 확 늘어나더라고요. 누군가가 대량 매수하면서 주가가 많이 올라가지 않았습니까. 그때 당시에 제 권유로 도이치모터스 주식 샀다가 손해 보고 팔고 나온 사람들이 저한테 항의를 엄청 했거든요. 너는 이거 이렇게 올라갈 줄 몰랐냐고. 그러다 보니 저도 '아니, 도이치모터스가, 이게 어떻게 갑자기 이렇게 주가가 올라갔을까?' 여기저기 알아봤을 거 아닙니까. 왜냐면 저 때문에 손해 본 분들한테 설명을 해줘야 하니까.

알아봤더니 시장에서 이런 얘기가 있더라고요. 이 얘긴 제가 이렇게 된 마당에 저 혼자 빠져나가려고 말씀드리는 게 아니고요. 주가 올리려고 '만진다'라고 표현하는 사람들도 있는데. 도이치모터스 주가 패턴을 보면, 몇몇 사람이 만지는 수준으로 푸는 주식이 아니었어요. 제가 볼 때 그래요. 쉽게 얘기해서 기관이라고 해야 되겠죠. 큰 기관이 있을 수도 있고, 조그만 기관들이 있을 수도 있겠고, 뭐 자문사나 자산운용사, 이런 것들일 수도 있겠죠. 그러니까 그런 기관들이 풀어서 이렇게 올리고 한 것이지, 개인 몇 명이 해서는 이런 패턴이 안 나온다는 거죠.

기자: 그럼 큰 기관들이 개입했을 가능성이 있다는 얘기인가요?

이OO: 제가 볼 때는 큰 기관이 이런 거 하겠습니까? 소규모 자산운용사들 많잖아요. 권오수 회장 주변에도 친한 자산운용사들 있을 테고.

● 2021년 7월 주가조작 선수 이OO와의 통화 내용

그러면서 자산운용사 한 곳을 언급했습니다.

이OO: 제가 듣기로는 BOO라는 자산운용사하고 권오수 회장이 진행했다는 얘기를 들은 것 같아요. (지금은 없어진) 토러스증권 김□□ 지점장이 BOO자산운용사 이△△ 대표를 권오수 회장에게 소개시켜줬다고 하더라고요. 그래서 2010년 9월 말부터 권오수 회장과 BOO자산운용사 이△△ 대표가 같이 일(?)한다는 얘기가 시장에 좀 돌았어요.

● 2021년 7월 주가조작 선수 이OO와의 통화 내용

당시 저는 이 얘기를 선수 이OO가 자신이 빠져나가기 위해 물타기 하는 것으로 판단하고, 더 이상 알아보지는 않았습니다. 해당 인물들을 찾기도 힘들뿐더러 당연히 거짓말일 것이라 판단했거든요. 그런데 후일 BOO자산운용사 이△△ 대표와 토러스증권 김□□ 지점장은 실제로 도이치모터스 주가조작 혐의로 기소됐고, 현재 재판을 받고 있습니다. 검찰 발표 자료에서 BOO자산운용사 이△△ 대표와 토러스증권 김□□ 지점장 이름을 본 순간 '진짜였네⋯ 그때 거짓말로 예단하지 말고, 더 확인했어

분노가 세상을 바꾼다

야 했는데'라는 생각이 들더군요. 지금도 후회됩니다.

도주했던 선수 이OO는 2021년 11월 검거돼 권오수 회장과 함께 구속됐습니다. 그리고 2021년 12월 3일 도이치모터스 주가 조작 혐의로 기소돼 재판에 넘겨졌습니다. 2013년엔 범죄가 아니라며 내사 종결됐던 사건이 8년 뒤 2021년엔 왜 범죄행위가 돼서 재판이 시작됐는지가 중요합니다. 도이치모터스 주가조작 자체를 밝히고 처벌하는 것도 중요하지만, 똑같은 사건을 두고 8년 전엔 왜 범죄행위가 아니라 판단했는지, 또 누가 사건을 뭉갰는지 밝혀야 합니다. 저는 사실 이게 더 궁금합니다.

타사출고?
타사입고?

20대 대통령 선거 후보 경선이 한창이던 2021년 10월 15일, 국민의힘 윤석열, 홍준표 후보 간 TV 토론회에서 홍준표 후보는 도이치모터스 의혹은 김건희 여사의 신한증권 계좌 거래 내역만 공개하면 간단한 일이라고 압박했습니다. 윤석열 당시 후보는 공개하겠다고 공개적으로 선언했습니다.

> "이 양반(주가조작 선수 이OO)이 골드만삭스 출신이라고 해서, 이 양반한테 위탁관리를 좀 맡기면 괜찮을 것이다. 우리 그런 거 많이 하지 않습니까? 골드만삭스 출신이라고 하는 데 실력이 있어서. 그런데 한 넉 달 정도 맡겼는데 손실이 났고요. 그 도이치모터스만 한 것이 아니고, 10여 가지 주식을 전부 했는데 손실을 봐서 저희 집 사람은 거기서 안 되겠다 해서 돈을 빼고 그 사람하고는 절연을 했습니다."
>
> ● 윤석열 대통령(당시 후보), 2021년 10월 15일 국민의힘 대선 후보 경선 토론회

그리고 닷새 뒤 김건희 여사의 신한증권 계좌 2010년 거래 내역 23장을 공개했습니다. 2010년 1월쯤 김건희 여사가 골드만삭스 출신 주식 전문가라는 선수 이OO를 소개받아 4개월쯤 주식거래를 맡겼으나 계속 손해만 봐서 그해 5월 20일 남아있던 도이치모터스 주식 전부를 김건희 여사 명의의 동부증권 계좌로 옮기고 관계를 끊었다는 내용이었습니다.

2010년 1월부터 5월 20일까지 거래 내역을 공개했는데, 자세

분노가 세상을 바꾼다

히 보면 납득할 수 없는 부분이 몇 가지 있습니다. 먼저 선수 이OO에게 증권계좌와 돈을 맡긴 건 주식을 이것저것 굴려서 좀 불려달라는 목적인 거잖아요? 그런데 도이치모터스 주식 한 종목만 집중적으로 매입했습니다. 다른 주식은 일절 매입한 적이 없습니다. 원래 김건희 여사의 신한증권 계좌엔 도이치모터스 주식 말고도 코스닥 종목 5개 주식이 더 있었는데, 이 주식들은 2010년 4월 30일 몽땅 다 팔아버립니다. 그 이후 이 신한증권 계좌에는 도이치모터스 딱 한 종목만 남아서 마치 도이치모터스 전용 계좌처럼 됐거든요. 주식 좀 불려달라고 전문가에게 믿고 맡겼다 해도 자신의 돈 수억 원을 위임했는데 무슨 주식을 얼마에 사고팔았는지 중간중간 들여다봤을 거 아닌가요? 보통 사람이라면 말이죠. 듣도 보도 못한 도이치모터스 주식 한 종목만 집중적으로 사들였는데, 이상하게 보지 않았을까요?

뭐 좀 이상하긴 하지만 그럴 수도 있습니다. 그런데 진짜 이해 못할 부분이 있습니다. 당시 선거 캠프에선 이OO가 주식 전문가라 해서 맡겼더니 손해만 보더라, 그래서 이씨와 손을 끊고, 그해 2010년 5월 20일 신한증권 계좌에 있던 도이치모터스 주식들을 김건희 여사 명의의 동부증권 계좌로 다 옮겼다고 했거든요. 실제로 공개된 거래 내역 마지막 장을 보면 5월 20일 날짜에 도이치모터스 주식을 다섯 차례에 걸쳐 동부증권으로 이체한 것처럼 보이는 내역이 있습니다.

		전 체 거 래 내 역					출력일자 : 2021-10-18 출력시간 : 13:53:31 페 이 지 : 60 / 62 발급번호 : 04120013424	

계좌번호 :   김건희   기간 : 2009/01/01 ~ 2010/12/31
종목코드 :   전체   조회구분 : 0. 전체   력요구분 : 000. 전체

거래일 거래순번 실현구분	종목명 거래구분 적요	단가/환율 수량/외화 과표금액	수수료 거래세 농특세	소득세 지방소득세 결산금액	신탁금액 신탁이자 대출금	미수처리금 미수변동금 만기일	통번처리금 처리구분 예수금잔고	상대처 상대계좌번호 상대계좌명
2010-05-03 1 위탁(주식)	대양 코스닥매도	740 298,000 220,520,000	1,092,340 661,528 0	0 0 218,766,132	0 0	0 0	0 0 신한아이HTS(직원)	
2010-05-03 2 위탁	은행이체입금	0 0 0	0 0	0 0	0 0	0 0 우리은행 0 은행온라인	
2010-05-03 3 위탁(RP)	S-MORE CMA RP매수	0 0	0 0	0 0	0 0	0 0 GoldNet	0
2010-05-07 1 위탁(RP)	S-MORE CMA RP매도	0 0	0	0 0	0 0	0 0 GoldNet	0
2010-05-07 2 위탁	은행이체출금	0 0	0	0 0	0 0	0 0 우리은행 0 GoldNet	김건희
2010-05-20 1 위탁(주식)	도이치모터스	0 0	0	0 0 0	0 0	0 0 동부 0 GoldNet	김건희
2010-05-20 2 위탁(주식)	도이치모터스	0 0	0	0 0 0	0 0	0 0 동부 0 GoldNet	김건희
2010-05-20 3 위탁(주식)	도이치모터스	0 0	0	0 0 0	0 0	0 0 동부 0 GoldNet	김건희
2010-05-20 4 위탁(주식)	도이치모터스	0 0	0	0 0 0	0 0	0 0 동부 0 GoldNet	김건희
2010-05-20 위탁(주식)	도이치모터스	0 0	0	0 0 0	0 0	0 0 동부 0 GoldNet	김건희

2021년 10월 18일
신한금융투자

2010년 5월 20일 김건희 여사 명의의 거래 내역

분노가 세상을 바꾼다

왼쪽의 종목명에 '도이치모터스' 오른쪽 타 증권사 명에 '동부', '김건희'라고 적힌 다섯 칸이 찍혀 있습니다. 언뜻 보면 설명한 대로 다섯 차례에 걸쳐 동부증권으로 옮겼다고 보입니다. 그런데 캠프에서 거래 내역 원본을 그대로 공개한 게 아니라 일부 내용을 지우고 공개했거든요. 원래는 타 증권사로 주식을 내보냈으면 '도이치모터스' 종목명 아래쪽에 '타사출고'라고 찍혀 있어야 합니다. 원래는 말이죠.

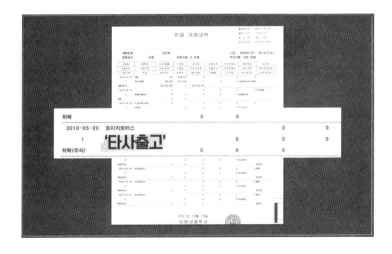

인위적으로 삭제된 '타사출고'의 자리

신한증권(현 신한금융투자)에 물어봤더니 타 증권사로 주식을 내보냈을 때는 '타사출고', 반대로 타 증권사에서 주식을 들여왔을 경우엔 '타사입고'라고 찍힌다는 사실을 확인했습니다. 그런데 캠프에서 거래 내역을 공개하면서 이 부분을 지우고 공개했거든요. '타사출고'라고 찍혀 있는 부분을 말이죠.

왜 지웠을까요? 몇 주를 이체시켰는지 등은 개인정보가 될 수 있어서 지웠다 쳐도, '타사출고' 됐다는 사실은 지울 필요가 하나도 없잖아요? 오히려 결백을 입증하기 위해선 빨간 줄 쳐서 강조해야 할 판인데, 이걸 굳이 지워놓고, 왜 말로만 동부증권으로 '타사출고'됐다고 한 걸까요? 지웠다고 말하지도 않고 공개했기에 사실 처음엔 지운 줄도 몰랐습니다. 아무리 생각해도 이해가 안 됐습니다.

그런데… 그런데 말이죠. 만약에 김건희 여사 소유의 도이치모터스 주식이 신한증권 계좌에서 동부증권으로 이체된 게 아니라 김건희 여사 명의의 동부증권에 있던 또 다른 도이치모터스 주식이 신한증권으로 입고됐을 수도 있는 거잖아요? 이런 경우 도이치모터스 종목명 아래 '타사입고'라고 찍힙니다. 아래 사진처럼 말이죠.

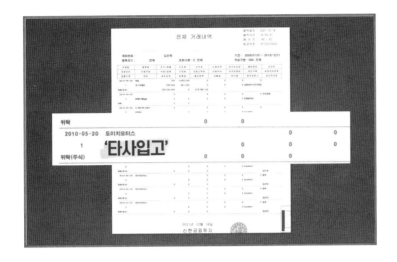

인위적으로 삭제된 내용은 '타사출고'가 아닌 '타사입고'일 수도 있다

　그런데 이걸 지우고 공개했으니 '타사출고'된 건지, '타사입고'된 건지 구분이 안 되는 거잖아요? 혹시 동부증권에도 있었던 김건희 여사 소유의 도이치모터스 주식들을 일괄적으로 관리하거나 다른 이유 때문에 신한증권 계좌로 타사입고시켰을 가능성은 없을까? 신한증권에서 발급받은 거래 내역 원본에는 분명히 타사출고인지 타사입고인지 찍혀 있을 겁니다. 거래 내역은 본인 아니면 발급받을 수 없기 때문에 제3자가 확인할 수는 없습니다. TV 토론회에서 계좌를 공개하겠다고 했으니 뭔가는 공개해야 할 테고, 신한증권 계좌를 공개하면서 주가조작 피

의자로 구속된 선수 이OO와 관계를 일찌감치 끊었다는 증거로 타사입고, 타사출고를 깨끗하게 지운 채 그냥 타사출고됐다고 말로만 설명했을 가능성은 없었을까?

원래 취재라는 것이 여러 가지 의심에서 출발해서 하나하나 사실관계를 확인해 가는 과정이거든요. '타사출고'라고 원래 찍혀 있었다면 애써 힘들게 깨끗히 지울 이유가 하나도 없는데, 지운 이유가 도저히 납득이 되질 않아 당시 윤석열 후보 캠프 공보팀장에게 확인을 요청했습니다. 원본에는 뭐라고 찍혀 있는지, 왜 깨끗하게 지우고 공개한 건지 말이죠. 사흘 뒤 캠프 공보팀장으로부터 연락이 왔습니다.

공보팀장: 그 문제 법률팀에서 검토하고 있는데, 일단 당장 뭐를 내놓을 수 있는 상황은 아닌 것 같아요.

기자: 왜요? 간단한 문제인데?

공보팀장: 글쎄요. 간단한 문제이긴 한데… 이유는 제가 듣지는 못했고요. 그래서 지금 바로 뭘 답을 내놓을 수 없는 상황이네요, 얘기를 들어보니까.

기자: 그럼 언제 답을 내놓으실 수 있는 건가요?

공보팀장: 글쎄요. 그것을 내놓을지도 아직은 잘 모르겠어요. 뭔가 좀 내용과 관련해서 여러 가지를 고려를 좀 하시는 것 같은데.

기자: 어쨌든 확인해주실 수 없다면 저희가 그렇게 보도하겠습니다.

공보팀장: 네, 알겠습니다.

● 2021년 11월 25일 통화 내역

━

그런데 전화를 끊고, 두 시간 정도 지나 다시 공보팀장으로부터 연락이 왔습니다.

━

공보팀장: 홍 기자님, 아까 전화 주시고 난 뒤에, 제가 담당팀에 다시 그 내용을 전달했거든요. (타사출고인지) 굳이 그걸 밝히지 않을 이유가 없고, 확인 요청이 왔으니 확인을 해주자 말씀을 드렸고, 그래서 최종적으로 제가 받은 대답은 공개된 거래 내역의 마지막 부분에 보면 동부증권으로 적힌 5건이 나오잖아요. 그 건들은 모두 명백하게 '타사출고'로 찍혀 있다고 합니다.

기자: 그러니까 그걸 한번 보자 이거죠

공보팀장: 아… 그걸 보여달라는 말씀이신가요? 그걸 이제 보

여주는 거는 또 다른 문제인데, KBS에만 공개할지, 전체 언론에 다 공개할지….

　　기자: 저한테 원문을 주실 필요도 없고, 공개할 필요도 없습니다. 그냥 제가 가서 직접 볼 테니, 제 눈으로 확인만 하면 됩니다.

　　공보팀장: 담당 법률팀에 다시 한번 얘기를 해보겠습니다.

　　　　　　　　　　　　● 2021년 11월 25일 두 번째 통화 내역

다음 날 다시 전화를 했습니다.

　　공보팀장: 그걸 지금 공개할 타이밍은 아닌 것 같아요. 어차피 지금 수사하고 연관이 돼 있고, 그런저런 사안들이 있어 가지고요. 다만 담당 법률팀에서 하는 말은 '타사출고'로 찍혀 있는 것은 의심의 여지가 없는 너무나 확실한 사실이다. 다만 공개하는 건 현재로서는 타이밍상 조금 애매하다고, 그렇게 얘기를 하네요.

　　　　　　　　　　　　　　● 2021년 11월 26일 통화 내역

후보 캠프에서 공개한 내역을 보면, 2010년 1월 12일과 13일,

그리고 1월 25일부터 29일까지 7일간 도이치모터스 주식을 사들입니다. 사들인 주식은 약 67만 6,000주, 그리고 딱 한 번 10만 주를 팔았습니다. 결국 57만 6,000주가량 남았고, 이걸 동부증권으로 모두 이체시켰다는 주장입니다. 그런데 도이치모터스라는 주식이 그렇게 거래가 활발한 종목은 아니잖아요? 2010년엔 더구나 상장된 지 1년밖에 안 됐으니 일반 투자자들은 도이치모터스란 주식을 잘 알지도 못했을 테고 말이죠. 공개된 신한증권 계좌로 거래된 7일간 거래량을 날짜별로 분석해 보니 그 기간 전체 도이치모터스 매수 거래의 평균 37%를 김건희 여사가 사들였습니다. 특히 1월 13일은 그날 도이치모터스 전체 거래량의 무려 52.3%가 김건희 여사 계좌를 통해 매입됐습니다.

1월 12일(155,760주 매수) 당일 전체 거래량의 38.1%

1월 13일(100,000주 매수) 52.3%

1월 25일(40,000주 매수) 31.7%

1월 26일(74,700주 매수) 35%

1월 27일(144,600주 매수) 22.1%

1월 28일(62,000주 매수 후 100,000주 매도) 44.4%

1월 29일(98,700주 매수) 35%

7일간 도이치모터스 주식 67만 5,760주를 사들이고, 1월 28일 딱 한 차례 10만 주를 팔았기에 남은 수량은 약 57만 6,000주입니다. 2010년 당시 도이치모터스 전체 유통 주식이 1,950만 주니까 57만 6,000주는 도이치모터스 전체 주식의 2.9%에 해당됩니다. 게다가 김건희 여사는 과거 공시에 나온 대로 2009년 5월 블록딜* 거래를 통해 이미 24만 8,000주를 보유하고 있었습니다. 기존 보유하고 있던 24만 8,000주는 공개된 신한증권 계좌에는 나와 있지 않았습니다. 24만 8,000주에 57만 6,000주를 추가로 매수했으니 82만 4,000주를 김건희 여사 혼자 보유하게 됐습니다. 전체 도이치모터스 유통주식의 약 4.2%에 해당하는 엄청난 물량입니다.

*블록딜(Block Deal): 증권 시장에서 기관 또는 큰손들의 대량 매매. 일반적으로 매도자나 매수자가 원하는 주식을 시장에서 대량으로 거래할 경우, 해당 주식의 시장가격은 급등락할 수 있다. 따라서 주식을 대량으로 보유한 주주와 매수자는 시장가격에 영향이 없도록 시간 외 매매를 통해 거래한다.

2010년 그 당시만 해도 도이치모터스는 소위 말하는 '듣보잡' 주식이었는데 하루 전체 거래량의 30% 이상을 혼자서 사들인다는 것이 상식적으로 납득이 가질 않습니다. 캠프에서 공개한 거래 내역 가운데 이상한 점은 또 하나 있습니다. 다음은 2010년 5월 20일 도이치모터스 주식을 동부증권으로 다섯 차례에 걸쳐 '타사출고'(?)시켰다는 자료의 마지막 페이지입니다.

공개된 내역은 전체 62페이지 분량 가운데 60페이지에서 끝난다

오른쪽 상단을 보면 이 페이지가 '60/62'라고 찍혀 있습니다. 그해 전체 거래 기록이 62페이지까지 있는데 60페이지까지만 공

개한 겁니다. 이후에도 거래 기록이 두 페이지 더 있다는 뜻입니다. 한 페이지에 열 칸씩 거래 기록이 찍히니, 최소한 11건 이상의 거래가 더 있다는 의미인데 왜 이건 공개하지 않았을까…. 60페이지 거래 기록 열 칸 가운데 마지막 다섯 칸 거래기록이 도이치모터스 타사출고(?)로 끝났는데 다음 페이지에도 혹시 도이치모터스 관련 기록이 더 있는 건 아닐까…? 당시 윤석열 대선 후보는 거래 내역을 추가로 공개해야 한다는 요구에 대해선 "그렇게 따지면 모든 사람의 금융계좌를 다 공개해야 한다"면서 거부했습니다.

2021년 12월 3일, 검찰은 권오수 도이치모터스 회장과 선수 이OO 등을 주가조작 혐의로 재판에 넘겼습니다. 권오수 회장과 선수 이OO 등은 구속된 상태로 재판을 받다 2022년 4월 보석으로 풀려나 현재는 불구속 상태로 1심 재판을 받고 있습니다. 영부인이 된 김건희 여사에 대한 소환조사나 서면조사가 있었다는 얘기는 이 글을 쓰고 있는 현재까지 없습니다. 그리고 경찰 내사보고서를 〈뉴스타파〉에 제보해 이 사건을 세상에 알렸던 송OO 경감은 지난 5월 경감에서 경위로 강등되는 중징계를 받았습니다.

재판에서 공개된
전화 통화

요즘에야 주식 거래용 HTS(Home Trading System)가 일반화되어서 대부분 스마트폰이나 컴퓨터로 주식을 사고팝니다. 그런데 2010년 당시 김건희 여사 명의의 신한증권 계좌에서 도이치모터스 주식 거래는 모두 전화로 증권사 직원을 통해 이뤄졌습니다. 당시에도 HTS가 사용되긴 했지만 공개된 신한증권 계좌의 거래는 모두 신한증권 직원에게 직접 전화를 걸어 도이치모터스 주식을 "사달라, 팔아달라" 부탁해서 이뤄졌습니다. 당시 김건희 여사가 HTS 거래에 익숙하지 않아 전화 주문을 이용했을 수도 있고, 아니면 주식 거래를 일임했던 주가조작 선수 이OO 를 완전히 믿지 못해 이OO가 사고파는 주식을 자신이 최종 승인하기 위해 전화 주문으로만 거래를 했을 수도 있습니다. 전화 주문 거래의 경우 증권사 직원과 계좌 주인 간 통화 내용은 모두 녹음해 남겨두게 돼 있습니다. 1심 재판 과정에서 이 통화 내역 가운데 일부가 공개됐습니다. 앞서 말했듯이 공개된 김건희 여사 신한증권 계좌에서 선수 이OO가 도이치모터스를 거래한 날은 모두 7일, 2010년 1월 12일과 13일, 그리고 1월 25일부터 29일까지입니다. 재판에서 공개된 전화통화 내역은 첫날인 1월 12일과

13일입니다.

김건희: 여보세요.

신한증권 직원: 네, 이사님. 저 OOO입니다. 지금 2,375원이고
요. 아래위로 1,000주씩 걸려 있고, 지금 시가가 2,350원, 고가가
2,385원, 저가가 2,310원 그 사이에 있습니다. 조금씩 사볼까요?

김건희: 네, 그러시죠.

신한증권 직원: 네, 그러면 2,400원까지 급하게 하지는 않고
조금 조금씩 사고, 중간에 문자를 보낼게요.

● 2010년 1월 12일 통화 내용

도이치모터스 주식을 사라고 신한증권 직원에게 매수 주문
을 낸 사람은 주식 거래를 위임한 선수 이OO가 아니었습니다.
김건희 여사가 직접 매수 주문을 냈습니다. 1월 12일, 이날 김
건희 여사가 사들인 도이치모터스 주식은 15만 5,760주. 약 3억
8,000만 원어치로 그날 도이치모터스 주식 전체 거래량의 38.1%
에 해당합니다. 검찰이 도이치모터스 주가조작 사건 피고인들의
공소장에 첨부한 범죄일람표에는 이날, 그러니까 2010년 1월 12

일 거래가 다수 포함돼 있습니다. 1월 12일 주가조작이 있었다는 얘기입니다. 그리고 검찰 공소장에는 1월 12일 김건희 여사 계좌의 거래 내역 51건이 시세조종 혐의로 범죄일람표에 들어있습니다.

후보 시절 윤석열 대통령은 부인 김건희 여사가 선수 이OO에게 계좌를 위임해 어떤 주식을 사고팔았는지 몰랐다고 했지만, 검찰이 주가조작 범죄가 있었다고 보는 그날 그 계좌에서 매수 주문을 낸 사람은 김건희 여사 본인이었습니다. 검찰이 이날 (1월 12일) 거래를 어떻게 해석하고 있는지는 알 수 없습니다. 검찰이 범죄가 있었던 날로 특정한 1월 12일 당일 직접 매수 주문을 낸 통화 기록까지 있는 김건희 여사를 기소하기는커녕 조사조차 하지 않은 것을 어떻게 설명할지 몹시 궁금해집니다.

참고로 재판에서 전화 통화 내용을 공개한 건 검찰이 아니라 권오수 도이치모터스 회장 측이었습니다. 선수 이OO도 재판에서 1월 12일엔 자신이 주식을 사지 않았고, 다음 날 13일부터 사기 시작했다고 증언했습니다. 그런데 다음 날 1월 13일 거래에서도 신한증권 직원은 김건희 여사와 전화 통화를 합니다.

신한증권 직원: 네, 이사님. 저 OOO입니다.

김건희: 네

신한증권 직원: 오늘도 도이치모터스 살게요. 2,500원까지.

김건희: 아! 전화 왔어요?

신한증권 직원: 왔어요.

김건희: 사라고 하던가요? 그럼 좀 사세요.

● 2010년 1월 13일 통화 내용

　

선수 이OO가 김건희 여사 신한증권 계좌를 통해 이날 사들인 도이치모터스 주식은 10만 주로 그날 전체 도이치모터스 주식 거래량의 52.3%나 됐습니다. 그런데 이날 거래도 전화통화 내용으로 보면 김건희 여사는 "전화가 왔느냐? 사라고 했으면 사라"고 말합니다. 도이치모터스 주식을 살지 말지 최종 결정을 해준 사람은 선수 이OO가 아닌 김건희 여사였습니다. 대선 당시 윤석열 후보 캠프에서 밝힌 해명은 '선수 이OO 씨가 독자적으로 도이치모터스 주식을 7일에 걸쳐 매매했고, 4개월쯤 맡겼으나 계속 손실만 보고 있어 2010년 5월 20일 이OO 씨와 관계를 끊었다'였습니다. 그러나 재판 과정에서 7일 가운데 최소

한 이틀(1월 12일, 13일)은 선수 이OO가 독자적으로 매매한 게 아니고, 특히 1월 12일은 이OO와는 상관없이 김건희 여사 혼자 독자적으로 대량으로 사들였다는 것이 드러났습니다. 민주당이 2022년 9월 윤석열 대통령을 공직선거법상 허위사실 공표 혐의로 고발한 것도 이 때문입니다.

재판에선 전체 7일 가운데 2일간의 전화 통화 내용만 공개됐습니다. 현재 도이치모터스 주가조작 사건은 1심 재판이 진행 중입니다. 김건희 여사가 범행에 가담했다는 의심과 정황은 계속 제기되고 있습니다. 김건희 여사는 아직까지 조사 한 번 받지 않았습니다. 물론 김건희 여사에 대한 모함이고 잘못된 의심일 수도 있습니다. 그렇다면 빨리 바로잡아야 합니다. 가장 간단하고 확실한 방법은 김건희 여사만이 갖고 있습니다. 도이치모터스 주식 거래에 사용된 김 여사 소유의 5개 증권계좌 거래 내역을 공개하면 됩니다.

지금 이런 일로 국력을 소모할 필요가 없습니다.

우리 아들내미, 딸내미가 사는 세상엔

홍사훈 기자 페이스북, 2022년 9월 9일

도이치모터스 주가조작 사건을 세상에 처음 나오게 만든 건 〈뉴스타파〉 심인보 기자였습니다. 그런데 2013년 작성된 도이치모터스에 대한 경찰 내사보고서를 보고, 공익제보를 결심한 경찰은 처음부터 〈뉴스타파〉를 찾은 건 아니었습니다. S일보 경찰청 출입기자에게 먼저 내사보고서를 건넸지만, 기사는 나오지 않았습니다. 엿 바꿔먹은 건지, 데스크가 뭉갠 건지 알 수는 없습니다.

그 경찰이 두 달 뒤 찾아간 기자가 〈뉴스타파〉 심인보 기자였습니다. 김인규 전 KBS 사장이 지배하던 그 시절, 심인보는 KBS 기자로 있었습니다. 취재하고 싶어도 취재하지 못하게 손발을 묶어버리는 건 너무나도 쉽습니다. 인사권은 수많은 진짜 기자들의 손발을 묶어버렸습니다.

심인보 기자가 〈뉴스타파〉로 간다고 했을 때 안타까웠습니다. 잡고 싶었지만 잡을 수 없었습니다. 잡는다고 뭐 해줄 것도 없었고, 무엇보다 저는 비겁했습니다. 이 지랄 같은 세상이 제가 사는 동안엔 바뀌지 않을 것이라 생각했습니다. 그런데 제가 꿈꾸는 그런 지랄 같지 않은 세상이 어쩌면 우리 아들내미, 딸내미가 사는 세상엔 혹시나 올 수도 있겠다는 희망이 생깁니다.

〈뉴스타파〉는 광고도 받지 않습니다. 철저하게 후원만으로 생계(?)를 꾸려간다는군요. 오늘 후원 액수를 조금 더 올려봐야겠습니다. 혹시 압니까? 우리 아들내미, 딸내미들은 아빠보다 조금은 더 좋은 세상에서 살게 될지 말이죠.

라임은 왜
주가조작에
뛰어들었나?

2019년 10월 국내 최대 사모펀드 라임자산운용이 고객들이 맡긴 돈을 돌려주지 못하는 환매중단 사태가 벌어졌습니다. 도이치모터스와 달리 라임자산운용은 주가조작이 실패하면서 환매중단이라는 최악의 사태로 번졌습니다. 라임이 왜, 어떤 방식으로 주가조작에 뛰어들었는지 그 과정을 정리해보겠습니다.

당시 국내 사모펀드 1위였던 라임자산운용에는 6조 원의 펀드 자금이 들어왔습니다. 원래 사모펀드는 진짜 금융전문가들, 소위 '꾼'들이 고수익을 목적으로 투자금을 끌어모아 운용하는 매우 위험한 헤지펀드거든요. 조지 소로스 같은 금융계 타짜들에게만 당신들끼리 알아서 돈놀이하라고 판을 깔아주는 겁니다. 이 때문에 금융을 잘 모르는 아마추어 일반인들이 이 판에 끼어들었다가는 자칫 낭패를 볼 수 있기 때문에 일반인들이 사모펀드에 가입하려면 최소 투자금이 5억 원 이상이어야 한다고 법적인 제한을 뒀거든요. 5억 원 이상 투자할 수 있는 재력가들만 이 돈놀이 판에 낄 수 있게, 잘 모르는 서민들은 함부로 이 판에 끼지 못하도록 일종의 안전장치를 둔 것이었습니다.

그런데 2015년 박근혜 정부 당시 벤처 등 산업자본을 활성화시킨다는 목적으로 사모펀드 규제를 대폭 풀었습니다. 무엇보다 최소 투자금을 1인당 1억 원으로 낮췄습니다. 5억 원이라면 몰라도 1억 원 정도는 갖고 있는 사람들이 꽤 되거든요. 사모펀드가 우후죽순처럼 늘어났고, 현금 부자들도 있었지만 서민들이 평생 모은 코 묻은 돈까지도 전문 꾼들의 놀이터에 들어가기 시작했습니다. 펀드가 뭔지도 잘 모르지만 은행 적금이자보다 조금 더 많이 준다고 하니, 또 원금은 보장된다는 잘못된 확신에 돈들이 사모펀드로 몰려들었습니다.

라임 펀드에 가장 많은 돈이 몰렸습니다. 당시 라임자산운용이 펀드 상품을 개발하고 투자를 했지만, 이 펀드를 판매한 곳은 라임이 아니었습니다. 우리은행과 신한은행 등 일반 시중은행과 유명 증권사들이었습니다. 은행 예금보다 이자가 더 높은데다, 삼성전자와 현대자동차 같은 우량 기업에만 투자하기에 대한민국이 망하지 않는 한 원금을 날려먹을 일은 없다는 은행과 증권사 판매 직원들의 말에 라임펀드에 서민들의 돈이 쌓이기 시작했습니다.

많은 라임 펀드 가입 피해자들이 은행에서 권유한건데 설마 떼이겠냐는 심정이었을 겁니다. 그러나 삼성전자와 현대자동차 같은 우량 기업에만 투자해 안전하다는 라임펀드 자금은 실제론 듣도 보도 못한 코스닥 상장사들에 투자됐습니다. 그리고 라임과 결탁한 주가조작단은 라임의 투자금을 이런 정체 모를 코스닥 상장사들의 주가를 조작하는 밑천으로 사용했습니다. 주가조작은 사실 거의 성공할 뻔 했습니다. 배신만 없었다면 말이죠. 지금에 와서 보면 당시 주가조작단의 의도대로 주가조작이 성공했다면 일반 서민들의 돈 1조 6,000억 원이 환매중단 되는 라임사태가 어쩌면 벌어지지 않았을지도 모르겠습니다. 어찌보면 황당하고 허황되기조차 한 라임 주가조작 사건의 시작은 2017년 '이인광'이라는 한 기업 사냥꾼으로부터 출발합니다.

무자본 M&A

이인광 씨는 그의 인생 자체가 영화였습니다. 영화배우 장동건 씨의 로드매니저부터 사회생활을 시작했으니 그래서 영화 같은 인생을 살았는지도 모르겠습니다.

라임 주가조작 혐의로 현재 수배 중인 이인광 씨를 직접 만나볼 수는 없었습니다. 대신 그를 주식에 입문시켰다는 사채업계 큰손 김OO를 만나 이인광 씨의 인생 스토리를 들을 수 있었습니다. 매니저로 엔터테인먼트 업계에 발을 들여놓은 이씨는 이후 자신의 연예기획사를 차리는 등 나름대로 자수성가했다는 평가를 받았습니다. 그러나 2007년 가수 비의 미국 공연을 추진하다 무산되는 바람에 큰 손실을 입었고, 이후로도 엔터 사업에서 연거푸 실패를 겪게 됩니다. 자신의 엔터 사업이 어려워졌을 때 사채업계의 큰손으로 알려진 김OO를 만나면서 주식 투자에

라임 주가조작 혐의로 현재 수배 중인 이인광

눈을 돌리게 됐다고 합니다.

이인광 씨도 처음엔 순수한 투자자로 출발했지만, 어느 때부터인가 전문 주가조작단의 플레이어로 뛰기 시작했다고 합니다. 주가조작이라는 게 혼자 할 수 있는 작업이 아니다 보니 여러 명의 플레이어가 필요하거든요. 플레이어 한 명이 매수나 매도 주문을 내면 바로 받아주는 또 다른 플레이어 여러 명이 있어야 하는데, 이씨가 거기 들어가 경험도 쌓고 노하우도 많이 배웠다고 합니다. 사채업자 김OO 말에 따르면, 이때 그는 꽤 많은 돈을 벌었다고 합니다. 그러면서 점점 더 대담해졌고, 2012년 무렵부터는 무자본 M&A 시장의 주포로 활동하기 시작하더라는 겁니다. 말이 좋아서 무자본 M&A라는 거지, 쉽게 말하면 기업 사냥꾼입니다.

여기서 잠깐 무자본 M&A가 이뤄지는 과정을 좀 보면, 자기 돈 없이 기업을 인수합병한다는 무자본 M&A 자체는 그리 어렵지 않습니다. 먼저 대상이 될 코스닥 상장기업 가운데 자본금이 많지 않은, 다시 말해 주식 발행 총량이 많지 않은 기업을 하나 고릅니다. 주식 총량이 많지 않은 코스닥 상장기업이어야 하는 이유는 단기간에 주가조작을 통해 시세 차익을 남기는 것이 목적이니 주식 발행 총량이 많으면 주가를 움직이기가 매우 힘들어지기 때문입니다. 발행주식 수가 60억 주에 달하고 시가총액이 360조 원에 달하는 삼성전자의 주가를 조작할 수는 없지 않겠어요? 두 번째 조건은 회사 경영상태는 어려워도 부동산 같은 현금성 자산이 꽤 있어야 합니다. 뒤에서 설명하겠지만 이걸 빼돌려야 하거든요. 세 번째 조건은 노조가 결성되지 않은 회사여야 합니다. 노조가 있으면 회사 재무 상황을 간섭하려 들 것이기 때문이죠.

이렇게 먹잇감이 될 만한 회사를 골랐다 하더라도 인수하려면 아무리 조그만 회사라도 최소 100억 원 이상이 필요합니다. 먹잇감이 될 회사들도 M&A 세력들의 속셈과 목적을 잘 알고 있기 때문에 코스닥에 상장돼 있다는 프리미엄을 무기로 최대한 베팅하는 거죠. 기업 사냥꾼들이 애당초 이 정도 돈이 있었다면 굳이 무자본 M&A나 주가조작 같은 위험한 작업⁽?⁾을 하지는 않을 것 같습니다. 까딱하면 '빵'에 들어가거든요. 초기 인수자금을 마련해야 하는데 정상적인 금융권 대출은 불가능하다 보니 대부분 사채시장에서 돈을 조달합니다. 이걸 '꽁짓돈'이라고 부른다고 합니다.

이인광 씨도 사채시장에서 인수자금을 조달해 무자본 M&A에 나섰습니다. 사채업자 김OO는 이씨에게는 꽁짓돈을 대주지 않았다고 합니다. 그의 M&A 스타일이 너무 공격적이어서 위험부담이 크다고 느꼈다는 것입니다. 그런데 사채니까 이자가 굉장히 비쌀 거잖아요? 이자가 어느 정도나 되는지 물었더니 5% 정도라고 합니다. 연 5%가 아니라 월 5% 말이죠. 100억 원을 빌리면 매달 5억 원을 이자로 내야 하는데, 사채시장에선 이자를 열흘마다 받으러 온다고 합니다. 이잣돈 내느라 정말 허덕인다는 거예요.

그래서 또 물어봤습니다. 확실한 담보를 잡기도 힘들텐데 떼이면 어쩌려고 100~200억 원을 빌려주느냐고요. 그랬더니 떼이지 않을 자신이 있으니, 또 방법이 있으니 빌려주는 거라고 호언합니다. 쉽게 떼인다면 자식들에게 직업이라고 말하기도 꺼려지는 사채업을 계속하겠느냐는 답변이었습니다. 그리고 김OO 자신이 100억, 1,000억 원의 현금을 갖고 있는 것은 아니라고 하더군요. 본인이 큰손으로 자리 잡을 수 있었던 이유도 사업 내용을 보고 떼일 염려가 없다는 확신이 들 경우 빠른 시간 내에 '쩐주(錢主)'들에게서 큰 돈을 모을 수 있기 때문이라는 설명을 보탰습니다. 김OO 같은 경우 한 시간 내에 2,000억 원을 바로 모을 수 있다고 했습니다.

기업 사냥꾼도 사채시장에서 돈을 조달했다면 이자를 갚아야 합니다. 인수한 기업이 생산성이 좋아지고 수익이 올라서 그 배당 이득으로 이잣돈을 낼 수 있다면 좋겠지만, 기업 사냥꾼들은 처음부터 회사 경영엔 관심도 없었습니다. 애초에 예정에 없는 시나리오였던 것이죠. 그래서 백이면 백 모두 인수한 기업 내에 남아있는 현금성 자산을 빼돌려서 이자를 메꿉니다. 자신이 세웠거나 이름만 빌린 유령 법인에 투자하는 명목으로, 혹은 무슨 경영 컨설팅 비용으로 거액을 지출합니다. 이러다 보니 기업 사냥꾼들이 대상 기업을 인수하자마자 가장 먼저 하는 일이 그 회사의 돈을 관리하는 재무담당 이사와 간부를 자기 사람으로 모두 교체하는 것입니다. 노조가 있는 회사라면 이런 일은 가능하지 않겠죠. 그래서 노조가 없는 상장사를 고르는 겁니다.

회사 자산을 빼돌려 사채 이자를 막는 데 성공했으면 주가를 올려야 합니다. 그게 애초의 목적이니까요. 대부분 기존의 회사가 하던 일과 전혀 관련 없는 신사업 개발을 발표하는 식으로 언론에 띄웁니다. 예를 들어 옷 만드는 기업이 난데없이 백신 개발이나 배터리 사업에 뛰어든다는 공시가 뜨면 주가는 일단 뜁니다. 물론 작전세력들의 조력이 필요하겠지만요. 주가가 가라앉을 때쯤이 되면 외국의 유망 바이오나 화학업체에서 투자를 검토한다거나 신기술을 개발했다면서 경제지 또는 경제 관련 유튜브 방송을 동원합니다. 물론 개발했다는 신기술은 주가를 다시 한번 튕기기 위한 수단일 뿐이기에 공인 기관에서 검증됐는지의 여부는 중요하지 않습니다.

주가가 오르면 시세 차익을 실현하고 빠져 나오는 엑시트(EXIT) 작업이 시작되는데, 주가조작보다 엑시트가 훨씬 더 어렵습니다. 라임이 투자자들에게 환매중단을 선언하면서 손든 것도 순차적으로 빠져나와야 하는 엑시트 작업에서 배신자가 생기면서 전체 작업이 무너졌기 때문입니다. 라임의 전체 주가조작 과정은 뒤에서 설명하겠습니다. 이처럼 무자본 M&A라는 것이 남의 돈으로 만만한 코스닥 상장사를 인수해 주가를 띄운 뒤 팔고 나오는 것이기 때문에 인수된 상장사는 경영 개선이나 혁신은 기대할 수 없고 껍데기만 남게 됩니다. 기업 사냥꾼 입장에서도 사채를 끌어들일 수밖에 없기에 꽁짓돈 이자 내느라 고생은 고생대로 하는데, 주가라도 작전대로 올라주면 다행이겠지만 그렇지 않은 경우 사채업자들 배만 불려주는 꼴이 되잖아요? 이인광 씨도 이렇게 사채를 끌어들이면서 살인적인 꽁짓돈 이자를 못 견디고 모은 돈도 많이 까먹었다고 합니다. 그래서 그때 사채업계 큰손 김OO가 이씨에게 "아깝게 생각하지 말고 다 정리하고 3년만 그냥 쉬어라. 충분히 쉬고 난 다음에, 그다음에 뭔가를 해볼 생각을 해라" 라고 얘기해줬답니다. 그런데 어느 날 보니까 "이인광이 다시 무자본 M&A 시장에서 뛰고 있더라"고 하더군요. 그런데 아주 신박한 새로운 방식이더라는 거죠. 어떤 신박한 방법이었을까요? 다음 편에서 이어가겠습니다.

주가조작단과 결탁한 라임펀드

대체 어떤 신박한 방법이었냐고요? 이번엔 사채 대신 라임과 손을 잡았더란 겁니다. 기업 인수할 자금을 사채시장에서 월 이자 5%를 주며 꽁짓돈 끌어 쓰다 보니 사채업자 좋은 일만 시킨다고 했잖아요? 인수자금을 라임펀드에서 끌어온 거죠. 2015년 산업자본을 활성화시킨다고 사모펀드에 대한 규제가 대폭 완화되면서 시중의 여윳돈들이 사모펀드로 모이게 됐습니다. 사모펀드는 단기간에 드라마틱한 수익을 내는 게 목적이잖아요? 사모펀드 상당수는 무자본 M&A를 거대 수익을 올리는 도구로 생각했습니다. 라임도 마찬가지였고요.

라임이 직접 이인광 같은 기업 사냥꾼에게 돈을 빌려주지는 않았습니다. 그래도 투자자들이 있는, 펀드 상품을 파는 자산운용사인데 아무한테나 돈을 빌려줄 수야 없죠. 그래서 이인광은 코스닥 상장사를 인수하면서 일단 인수자금은 사채시장에서 조달합니다. 그리고 인수하자마자 인수한 기업 명의로 전환사채(CB)를 발행하거든요. 전환사채란 것은 기업이 새로운 사업을 벌이는 등 어떤 이유로 자금이 필요한데 투자를 유치하기 힘들거나 은행 등 금융기관에서 돈을 빌리기도 힘든 상황일 때 회사채를 발행하는 겁니다. 그런데 일반 회사채는 만기가 돌아오면 이자와 원금을 돌려받지만, 전환사채는 돈으로 돌려받을 수도 있고, 그 회사의 주식으로 돌려받을 수도 있습니다. 그래서 '전환'이란 말이 붙은 겁니다.

예를 들어 A라는 기관투자자가 B라는 기업의 전환사채를 사 줬는데, 당시엔 그 기업의 주가가 5,000원이었다고 가정해 보죠. 그런데 1년 뒤 만기가 돌아올 때 보니까 그 회사가 실적이 좋았든, 무슨 이유에서든 주가가 1만 원으로 올랐다면 당연히 돈 대신 주식으로 전환해 받겠죠? 두 배 이익이 나니까요. 반대로 주가가 2,000원으로 떨어졌다면 주식으로 받지 않고 당연히 현금으로 돌려받겠죠. 따라서 전환사채는 채권자 입장에서 매우 유리한 구조지만 자금 사정이 어려워 전환사채를 발행할 정도의 기업이라면 떼일 위험도 생기는 겁니다.

이런 식으로 기업 사냥꾼이 사채업자 돈으로 상장사를 인수한 뒤 곧바로 전환사채를 발행하는 이유는 끌어다 쓴 사채 즉, 꽁짓돈을 바로 갚아버리기 위해서입니다. 통상적인 환경에선 이런 기업이 발행하는 전환사채는 누가 사질 않겠죠. 그런데 사모펀드가 사주는 겁니다. 왜? 사모펀드가 원하는 건 한 가지입니다. 무슨 방법을 쓰든 주가를 드라마틱하게 끌어올려라, 그러면 만기가 됐을 때 주식으로 전환해 큰 수익을 남기겠다는 거죠.

"사모펀드에 대해서 규제 장벽을 높였던 건 나름대로 이유가 있었기 때문이거든요. 그런데 사모펀드 규제가 완화되면서 누구나 쉽게 펀드를 설립해 자산영업에 들어갈 수 있게 됐어요. 더군다나 이게 코 묻은 돈까지 빼먹을 수 있을 정도로 파격적으로 요건이 완화됐단 말이에요. 그러면 그동안 무자본 M&A 시장에서 다양한 방식으로 사기 행각을 도모했던 그런 세력들이 봤을 때 사모펀드를 이용하고 싶지 않겠어요?

우리는 이제 얼마든지 법 테두리 안에서 주가조작도 할 수 있고, 시세조정도 할 수 있고, 기업 사냥도 해가지고 마음껏 안심하고 큰돈을 벌 수 있겠구나 라는 생각이 당연히 들었을 겁니다."

● 이한진, 민주노동 연구소 연구원

2017년, 이인광은 '루트원'이라는 투자조합 명의로 자동차 부품업체 '에스모'를 700억 원에 인수합니다. 700억 원을 혼자 조달한 건 아니고, 이인광이 200억 원, 일반 투자자들이 200억 원을 넣었고, 조OO란 사람이 300억 원을 투자했습니다. 조OO은 삼부토건 회장의 아들로 에스모 주가조작 사건으로 수배돼 도망을 다니다 2021년 3월 검거돼 현재 재판 중입니다. 에스모를 인수한 뒤 바로 자율주행차 사업에 진출하기 위한 투자금을 조달한다는 명목으로 전환사채 500억 원어치를 발행했고, 이걸 라임자산운용이 모두 사줬습니다.

라임이 사준 목적은 분명했습니다. 주가조작을 하든 뭘하든 에스모 주가를 몇 배 끌어올리는 것이죠. 이후 자동차 부품을 만들어 납품하던 에스모가 세계 최고 수준의 자율주행기술을 개발했다는 뉴스가 몇몇 경제지와 케이블 방송에 소개됐습니다. 공인기관에서 검증이 되지도 않았는데, 이런 어처구니없는 기사들이 가끔 경제지에 실립니다. 그리고 대중들은 믿습니다. 이후 전문 주가조작단이 작업하면서 주가는 오르기 시작했습니다. 1,300원대였던 에스모 주가는 약 1년 만에 1만 5,000원대까지 거의 12배 뛰었습니다. 700억 원 주고 인수했으니, 주가가 꼭대기였을 시점에 다 팔았다면 8,400억 원이 되는 그야말로 대박이었겠죠, 팔았다면 말이죠.

그런데 여기서 정말 영화 같은 일이 벌어집니다. 주가가 크게 올랐으니 이제 이익을 남기고 빠져나와야 합니다. 그런데 주가를 조작하는 것보다 어려운 게 빠져나오는 작업 '엑시트'입니다. 작전세력들이 보유한 주식 총량이 5,000만 주 가까이 됐는데, 주가 올랐다고 한꺼번에 매도 주문을 내면 주가가 폭락할 테고, 하한가에도 팔리질 않습니다. 동시에 엑시트할 순 없으니 시차를 두고 하나씩 빠져나와야 했습니다. 이인광과 일반 투자자들, 또 조OO 가운데 누구 지분을 먼저 엑시트시킬 것인지 세력들끼리 논의가 있었습니다. 라임펀드도 500억 원어치 전환사채를 갖고 있었지만, 아직 주식으로 전환시킬 수 있는 만기가 도래하지 않아 자격이 안 됐습니다.

먼저 이인광이 투자한 100억 원과 조OO이 투자한 100억 원을 엑시트시키기로 결정됐습니다. 둘의 초기 투자금은 합해서 200억 원이었지만, 주가가 크게 올라 이때는 800억 원 정도로 불어난 상태였습니다. 엑시트 순서는 결정됐고, 이제 어떤 방법으로 엑시트시킬 것인지가 남았습니다. 800억 원 정도의 물량이라도 주식시장에 그냥 내놓으면 하루 거래량이 수만 주도 안 되는 이런 조그만 기업의 주가는 바로 폭락입니다. 엑시트 방법으로 또 다른 코스닥 상장사 세 곳을 한꺼번에 인수합니다. 에스모와 똑같이 사채를 끌어들여 세 기업의 인수자금을 마련하고, 인수한 뒤에는 바로 전환사채를 발행했습니다. 세 기업에서 2,000억 원의 전환사채를 발행했는데, 이 역시 모두 라임펀드가 사줬습니다. 이제 라임은 기존 에스모 전환사채 500억원을 포함해 모두 2,500억 원의 전환사채를 이인광 소유의 회사들에 투자한 셈이 됐습니다.

네 개 회사 모두 코스닥에 상장은 돼 있지만 잘 들어보지도 못한 회사들에 2,500억 원이라는 큰돈을 투자할 가치가 있었겠느냐고 반문할 수 있을 것입니다. 하지만 라임은 이 2,500억 원을 1조 원으로 만들어줄 것이라 기대했다는 거죠, 누가? 이인광이! 어떻게 해서든 말이죠. 실제로 에스모 주가가 뛰는 걸 봤거든요. 이인광이 새로 인수한 세 개 기업 가운데 두 개는 에스모처럼 주가조작이 목적이었고, D라는 IT 회사는 에스모에서 엑시트하기 위한 용도였습니다. D사는 어느 정도 구조를 갖춘 기업으로 노조도 결성돼 있었습니다.

기업 사냥꾼들에겐 피해야 할 대상이었는데 왜 D사를 인수했을까요? D사엔 사내에 유보시킨 현금 자산이 200억 원이 넘게 있었습니다. 이걸 빼내는 게 목적이었습니다. 그러나 노조가 있다 보니 만만치 않았습니다. 당장 인수한 뒤 재무팀을 이인광이 데려온 사람들로 교체하는 문제부터 노조와 부딪혔지만, 이때 해결사로 나선 사람이 당시 삼부토건 회장 조OO였습니다. 이인광과 같이 에스모에 300억을 투자했고, 이인광과 함께 첫 번째 엑시트 번호표를 받은 사람이 삼부토건 회장의 아들 조OO이었거든요. D사 노조에선 큰 기업인 삼부토건 회장이 직접 나서서 중재해주니, 믿고 받아들였다고 합니다. 다음은 당시 D사 노조원들이 조 회장을 만났을 때 녹음한 내용 가운데 일부입니다.

"내가 이인광 만나서 얘기했어요. 야, 왜 바보 같은 짓을 하냐.

회사를 인수했으면 직원들에게도 회사에 돈 있는 것 중에 좀 챙겨서 줘라. 회삿돈 가지고 다른 데 M&A해서 주가 올려서 팔아치우면, 회사 영업이익은 안 나더라도 단기수익은 얼마든지 낼 수 있지 않냐. 그거 가지고 회사 직원들 준 거 채우면 되는데, 돈 10억, 20억 가지고 쪼잔하게 그런 짓거리를 하냐. 한 200억 투자해서 10% 남아도 20억인데, 그 무슨 병신 같은 짓을 하냐. 내가 그 얘길 해줬다고, 다. 내가. 여러분들도 크게 생각하면 되는 겁니다.

회사에 돈 많잖아요? 그거 가지고 큰 거 하나 지분 투자해서 들어갔다가 팔아치우고 나오면 10%만 남아요? 에스모가 얼마나 올라간 줄 알죠? 10배 올랐어, 10배! 그러면 생각을 한번 해보란 말이에요. 200억짜리 인수해서 200억 남기겠다고 이거 하겠어요? 이거는 200억이 아니고 2,000억이 남는 건데?."

● 조OO, 전 삼부토건 회장

재무팀을 장악해 돈줄을 쥐게 된 이인광은 D사의 현금 자산 225억 원을 라임펀드에 투자합니다. 라임은 펀드 투자금으로 들어온 225억 원에 은행과 증권사 레버리지를 받아 787억 원으로 만들었습니다. 그리고 이 787억 원으로 에스모 지분을 블록딜로

분노가 세상을 바꾼다

매입하는데, 정확히는 에스모의 이인광과 조OO의 지분을 콕 찍어 사들였습니다.

라임이 이렇게까지 해준 건 이인광이 라임의 전환사채 투자 금 2,500억 원을 1조 원으로 만들어 줄 것이라 굳게 믿었기 때문이죠. 또 라임 같은 큰 펀드사가 투자했다고 하면 주가는 더 올라가게 마련입니다.

이렇게 해서 1차 엑시트는 성공합니다. 이인광과 조OO은 각자 100억 원씩 200익 원에 산 에스모 주식을 9개월만에 787억 원에 팔아치웠습니다. 이제 나머지 자신들의 지분과 일반 투자자들 지분을 엑시트시킬 차례입니다. 라임펀드가 사준 전환사채 500억 원도 주식 전환 시기는 아직 안 됐지만, 당시 주가로 이미 수천억 원이 돼있었습니다. 또 이인광이 인수한 회사들 주가도 작업을 통해 많이 오른 상태였기에 라임이 이인광에 투자한 2,500억 원은 2019년 봄엔 정말 1조 원 가까이로 불어나 있었습니다.

이때까지만 해도 라임의 투자는 성공한 투자였죠. 단지 엑시트시킬 방법이 문제였습니다. 이때 라임이 엑시트시킬 방법으로

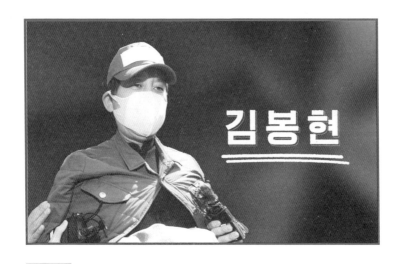

라임 사건 청탁을 위해 검사들에게 술접대 했다고 폭로한 김봉현

찾아낸 인물이 바로 '김봉현' 회장이었습니다. 이른바 '검사 술접대 사건' 기억나시나요? 라임사건 청탁을 위해 검사들 술접대 했다고 폭로한, 접대비 99만 원이라는 신박한 계산법으로 접대 받은 검사들은 기소를 면한 사건의 주인공 김봉현 말이죠. 홍콩에 있는 PAG라는 꽤 큰 사모펀드가 있는데. 이 PAG 펀드 회장과 김봉현 회장 간에 친분이 좀 있었다고 합니다. 그래서 김봉현을 통해 홍콩 PAG 펀드를 엑시트 창구로 이용하려 한 거죠. 당시 라임펀드 판매를 담당했던 한 증권사 임원이 펀드를 산 고객에게 안심하라면서 한 대화 내용입니다.

"김봉현 회장이라고 있는데, 이분은 M&A꾼도 아니고 그냥 비즈니스 감각이 굉장히 큰 분이에요. 김봉현 회장이 로비를 엄청 잘하는데 정말 로비할 때 돈을 어마무시하게 써요. 그래서 김봉현 회장이 홍콩에 있는 PAG 회장하고 친해요. 그래서 이거를 라임에 소개시켜준 거예요. 도와줄라고. PAG가 이미 라임자산에 대해서 실사를 했어요. 그래서 자산에 문제가 없다라고, 이미 실사는 끝났어요."

● OO증권 임원

라임이 엑시트 방법을 찾는 것과 별개로 이인광 일당도 엑시트 방법을 찾았습니다. 홍콩에 'SC로위'라는 또 다른 사모펀드가 있는데, 이인광과 조OO, 또 일반 투자자들의 지분을 SC로위에 블록딜로 넘기려고 시도합니다. 실제로 SC로위의 한국지사에 확인해봤더니 당시 이인광으로부터 투자 제안을 받고 검토해봤지만 투자가 실제 진행되진 않았다고 답해왔습니다. 이 즈음부터는 이인광이 끌어모은 일반 투자자들도 점점 엑시트에 불안감을 느끼기 시작했습니다. 이인광이 직접 투자자 총회에 나와 SC로위 펀드가 인수하기로 얘기가 다 끝났고, 일반 투자자들 수익을 위해서 이인광 자신은 수익을 포기하기로 했다고 말하면서 투자자들을 안심시켰다고 합니다. 그러나 SC로위가 허술한 펀드도 아니어서, 이인광은 엑시트가 쉽지 않겠다고 판단했습니다. 자신이 혼자 빠져나갈 길을 찾습니다.

이인광 자신의 초기 에스모 투자금 200억 원 가운데 100억 원은 이미 조OO와 함께 1차 엑시트시켰고, 남은 나머지 100억 원도 에스모 주가가 많이 올라 500억 원에 가깝게 불어난 상태였습니다. 이걸 전부 사채시장에 몰래 담보로 맡기고, 300억 원을 대출받습니다. 그러나 이 사실을 조OO이 알아챘습니다. 배신당했다는 걸 뒤늦게 깨달은 조OO은 자신의 에스모 주식을 모두 주식시장에 내놓았습니다. 엑시트가 실패한 이상 한 푼이라도 건져야 할 테니 말이죠. 이렇게 작전세력이 둘이나 셋이 붙는 경우 서로 먼저 털고 나가려고 칼부림이 나기도 하고, 결국 작전이 실패하는 경우도 허다합니다. 그래서 작전세력이 붙었을 때 주포, 즉 주축이 된 작전세력이 휘하의 다른 작전세력들을 컨트롤할 수 있는 힘이 있느냐 없느냐가 중요하다고 합니다.

조OO이 에스모 주식을 몽땅 던지자, 연일 하한가를 기록합니다. 이런 경우 하한가에 내놓아도 팔리지 않습니다. 결국 에스모 주식은 소위 말하는 동전주로 대폭락했습니다. 주식시장은 소문이 빛의 속도로 퍼집니다. 에스모 주가가 갑자기 폭락하자 이인광이 소유한 나머지 세 개 상장사 주식도 다 같이 폭락하게 됩니다. 문제는 라임펀드였습니다. 라임의 경우 에스모를 포함해 이인광 소유의 네 개 회사에 전환사채 2,500억 원을 투자한 상태였잖아요. 2,500억 원 어치의 전환사채가 2019년 봄쯤 주식으로 전환될 무렵엔 실제론 1조 원 가까이로 불어나서 홍콩펀드든 어디든 안전하게 엑시트시키면 라임을 살릴 수 있겠다고 희망을 걸고 있었습니다. 왜냐하면 당시에 이미 라임이 해외 투자한 금융상품과 부동산에서 막대한 손실이 발생하기 시작했는데, 이인광을 통해 작업한 네 개 회사의 주가가 크게 올랐으니 여기서 생긴 수익으로 라임의 부실을 한꺼번에 만회할 수 있겠다고 생각했던 겁니다. 그러나 배신이 생기는 바람에 원금인 2,500억 원마저 상당부분 날리게 된 거죠.

———

"라임 경영진은 그때까지만 해도 이인광과 관련된 코스닥 상장사들에 대한 투자 비중이 굉장히 컸기 때문에, 그 회사들에 투자한 돈이 전부 다 성공적으로 엑시트를 한다면 라임펀드의 다른 쪽에서 발생한 부실은 충분히 커버하고도 남을 거라고 마지막 희망을 걸고 있었거든요. 이인광을 통해 발생한 수익으로 해외 부동산이나 금융상품에서 발생한 손실을 돌려막기를 통해서 은폐하고 만회할 수 있는 기회가 있겠다 믿었던 거죠."

● △△증권 펀드매니저

결국 라임자산운용은 주가가 폭락하기 시작하고 보름 뒤 환매중단을 선언하게 됩니다. 4,000여 명의 피해자가 생겼습니다. 이인광은 최소한 700억 원을 벌었을 것으로 추정됩니다. 주범인 이인광과 조OO은 이후 종적을 감췄습니다. 그리고 조OO은 2021년 3월 검거됐습니다. 그러나 이인광은 도주한 지 3년 가까이 지난 지금까지도 종적은 오리무중입니다.

주가조작단에 의지한 라임 사건은 수많은 개미 피해자만 남기고 이렇게 일단락됐습니다. 그런데 여기서 의외의 인물이 한 명 등장합니다. 이인광이 엑시트시킬 대상으로 홍콩 SC로위펀드를 골랐다고 했잖아요? 이인광에게 SC로위펀드에 다리를 놓아준 인물이 있었습니다. 바로 '이OO'이란 사람이었는데, 윤석열 대통령의 부인 김건희 여사가 자신의 신한증권 계좌를 맡겨 도이치모터스 주식을 거래한 바로 그 인물입니다.

2020년 10월 국회 국정감사장에서 민주당 김용민 의원은 "도이치모터스 주가조작 사건에서 선수로 뛴 이○○가 이인광 등이 엑시트 창구로 활용한 D사의 부회장이었다"고 폭로했습니다. 주가조작 선수 이○○는 실제로 이인광이 엑시트 용도로 인수한 D사의 부회장으로 있었습니다. 이○○에게 이 부분도 물어봤습니다.

이○○가 이인광을 처음 만난 건 2018년 즈음이었다고 합니다. 동종 업계(?)에 있다 보니 서로 친해졌는데, 이인광이 엑시트 시킬 곳을 찾고 있다 해서 SC로위펀드를 연결시켜줬다는 것입니다. 중간다리 역할을 하다 보니 그럴 듯한 타이틀이 필요해서 이인광 씨가 D사의 부회장 직함을 달아줬고, 한 달쯤 명함을 돌리고 다녔다는 해명이었습니다. 정말 그것뿐이라고, 자신은 라임 사건과는 아무 상관 없다고 강변했습니다. 도이치모터스 주가조작으로 재판을 받고 있는 이○○가 라임 사건에서도 홍콩 펀드를 소개시켜준 중간다리 역할 말고 다른 역할까지 했는지는 찾을 수 없었습니다.

에피소드1 '기레기'는 어떻게 만들어지고, 길들여지나

 2021년 12월 26일, 대선을 코앞에 두고 당시 국민의
힘 윤석열 대통령 후보의 부인 김건희 여사가 기자회견
을 가졌습니다. 김건희 여사가 공식 석상에서 기자들
앞에 선 건 이때가 처음이었습니다. 도이치모터스 주가
조작 사건에 가담했는지뿐만 아니라 그간 제기돼왔던
학위와 경력 위조 의혹에 대해서도 궁금한 점이 몹시
많았습니다. 당연히 수많은 기자가 질문이 있을 것으
로 기대했습니다. 저 역시 다른 무엇보다 도이치모터스
사건에 대해 궁금했기에 TV로 생방송된 기자회견 장
면을 지켜봤습니다.

 "잘 보이려고 경력을 부풀리고 잘못 적은 것이 있었
다", "그러지 말았어야 했는데 돌이켜보니 너무나도 부
끄러운 일이었다. 모든 것이 저의 잘못이고 불찰이다"
는 8분 정도 해명이 있은 뒤 기자회견장을 나갔습니다.
아무도, 어떤 기자도 손을 들어 질문하지 않았습니다.
기자 수십 명이 기자회견장에 자리 잡고 앉아서 노트

북의 키보드 치고 있는 모습을 분명히 봤는데, 왜 아무도 질문을 하지 않는 거지? 궁금하지도 않나? 도저히 이해가 가질 않았습니다. 친분이 좀 있던 당시 국민의힘 출입기자에게 물었습니다. 아니 왜 아무도 물어보질 않았냐?

돌아온 답은 기자회견 하기 전에 사전 약속이 있었답니다. 질문하지 않기로 말이죠. 국민의힘 선거대책위원회에서 질의응답 없이 기자회견 하는 걸로 양해를 구해서 출입기자단이 이를 받아들였다는 것이었습니다. 어처구니가 없었습니다. "아니, 질문하지 말라고 해서 질문하지 않았다는 거야? 네가 그러고도 기자냐? 그럼 그냥 사무실에서 편하게 TV 보면서 노트북 치고 앉았지 왜 거기 가서 앉아있었던 거냐? 그냥 수십 명 기자들 도열한 가운데 기자회견 했다는 그럴싸한 그림을 만들어준 것밖에 더 되냐?"

솔직히 답답했습니다. 이 정도였는지…. TV 중계 화면에서 언뜻 보기에도 자리 잡고 있던 기자들이 50~60명은 돼 보이던데 손 번쩍 들고 "어렵게 마련된 자리니 이왕 나온 김에 궁금한 것 좀 물어봅시다!" 하고 나서는 기자가 어떻게 단 한 명도 없었을까.

이래서 '기레기'라는 소리를 듣는구나 하는 생각이 들었습니다. 기자는 궁금한 걸 묻는 게 직업입니다. 국민을 대신해서 국민이 궁금해하는 걸 물어주고, 답을 들어주는 게 기자가 할 일입니다. 그래서 우리 사회가 기자라는 직업에 대해 대우해주고 일종의 특권을 주는 것입니다.

궁금한 걸 물어보지도 못할 정도로 왜 이렇게 기자들이 용기가 없어졌을까. 사실 제 나름대로 생각해보고 결론을 내린 적이 있거든요. 이건 철저히 제 개인적인 생각이고 견해이니 그렇게 받아들여 주셨으면 합니다. 개천에서 용이 나오는 사회가 이미 오래전 사라졌습니다. 우리 사회에서 이른바 힘 있고 좋은 일자리는 '8학군 키드'들이 점령해 버렸습니다. 판·검사, 의사는 물론 대기업들이 그렇습니다. 기자 역시 좋은 일자리 가운데 하나입니다. 요즘 입사하는 기자들만 봐도 외고 출신, 특목고 출신, 강남 8학군 출신들이 상당수입니다. 어쩌다 재수 좋게 돈많은 부모 만나 좋은 고등학교 들어갈 수 있게 됐고, 좋은 학원 다녀서, 좋은 대학 들어갔을 겁니다. 당연히 좋은 일자리도 8학군 키드들이 차지하게 됐고 말이죠.

다른 일자리는 몰라도 기자는, 언론은 세상에 대한 문제의식이 있어야 합니다. 이슬만 먹고 살 수야 없겠지만, 자신에게 돌아올 불이익을 감수하고서라도 세상을 바꿔보겠다는 생각이 있어야 합니다. 용기와 배짱도 있어야 할 테고 말이죠. 물론 8학군 출신이라 해서, 외고 출신이라 해서, 돈 많은 부모 뒀다고 해서 모두 그렇다는 얘기는 아닙니다. 그러나 삼성전자 직원이라면 몰라도 언론사 기자가, KBS 기자가 영어 단어 하나 더 많이 아는 게 취재에 뭐 그리 도움이 되는지 솔직히 잘 모르겠습니다. 언론사만이라도 입사 전형을 바꿔야 한다는 게 제 생각입니다. 토익점수 몇 점인지 따지지 말고 사회에 대한 문제의식이 얼마나 있는지를 따져야 합니다. 그래야 '기레기'가 아닌 세상의 소금 역할을 할 수 있는 진짜 기자들이 나올 수 있습니다.

02

잊혀진 영토 7광구

7광구는 석유와 천연가스가 풍부하게 매장돼 있을 가능성이 매우 높지만, 일본과 공동개발구역으로 묶여 개발이 중지된 상태입니다. 더구나 6년 뒤 2028년엔 7광구 전역이 일본 영토로 귀속될 가능성이 매우 큽니다. 다른 건 몰라도 영토분쟁에서 '조용한 외교'란 없습니다. 조용하면 뺏기는 겁니다.

잊혀진 영토, 제7광구

영토분쟁에서 '조용한 외교'란 없습니다

KBS 〈홍사훈의 경제쇼〉 2022년 4월 13일 오프닝

한국과 중국 사이의 서해 잠정조치 수역에서 중국이 몰래 석유 시추시설을 설치했고, 우리 외교부가 공식적으로 문제를 제기했다는 보도가 나왔습니다. 이 지점은 우리나라 대륙붕 2광구와 인접한 지역이고 석유 매장 가능성이 높아 우리나라도 지난 2004년 탐사에 나선 적이 있었습니다. 그러나 중국 당국의 반대로 탐사는 중단됐습니다. 이 지역이 한국과 중국 간 해양 경계가 확정되지 않은 일종의 공동관할 구역이라는 이유였습니다.

2008년엔 중국도 석유 탐사에 나섰다가 한국 정부의 반대로 무산되기도 했는데, 이번엔 아예 중국이 시추시설을 설치한 겁니다. 우리 정부도 사안이 중요하다고 여겨서 논의 주체를 NSC 즉, 청와대 국가안전보장회의로 격상시켰다는데 서해 2광구뿐 아니라 제주도 남쪽의 대륙붕 7광구도 곧 문제가 불거질 전망입니다.

7광구는 석유와 천연가스가 풍부하게 매장돼 있을 가능성이 매우 높지만, 일본과 공동개발구역으로 묶여 개발이 중지된 상태입니다. 더구나 6년 뒤 2028년엔 7광구 전역이 일본 영토로 귀속될 가능성이 매우 큽니다. 다른 건 몰라도 영토분쟁에서 '조용한 외교'란 없습니다. 조용하면 뺏기는 겁니다.

2025년
6월 22일

제가 무당이나 점쟁이는 아니지만, 예언을 하나 해볼까요?
2025년 6월 22일 한국과 일본 사이에 매우 중요한 사건이 벌어질
예정입니다. 제주도와 일본 사이 해저에 대륙붕 제7광구가 있습
니다. 2011년 개봉했다가 '폭망'한 안성기, 하지원, 그리고 우스꽝
스러운 괴수가 나오는 〈7광구〉라는 영화도 있었지만, 이 7광구
는 실제 존재하는 우리의 영토입니다. 물론 우리에겐 이제는 '잊
혀진 영토'지만 말이죠.

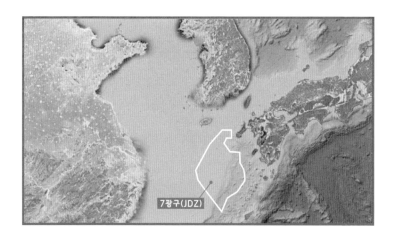

제7광구, JDZ 위치

분노가 세상을 바꾼다

결론적으로 대륙붕 제7광구는 석유와 천연가스가 매장돼 있을 가능성이 매우 높은 지역입니다. 그럼 왜 석유개발을 하지 않느냐고요? 석유가 묻혀 있다는 근거는 있는지 하나하나 차근차근 풀어나가겠습니다. 한국 외교의 무능과 비겁함, 또 용기 없음에 분노를 삭이면서 읽으셔야 할 것 같습니다.

UN에 '극동아시아 경제위원회'라는 기구가 있었습니다. 지금은 '아시아·태평양경제사회위원회(ESCAP)'로 이름이 바뀌었는데, 1968년 이 기구에서 극동아시아 지역 해저광물 자원을 대대적으로 조사한 바 있습니다. 당시 탐사팀을 이끌었던 에머리 박사는 탐사보고서에서 '타이완에서 일본 사이에 있는 동중국해 대륙붕은 세계에서 가장 풍부한 석유 자원이 매장돼 있을 가능성이 크다'고 적시했습니다. 에머리 박사의 이 보고서 이후에도 2004년 미국 윌슨국제연구소에서 발간한 또 다른 보고서에는 '동중국해 석유 매장량은 약 1,000억 배럴로 사우디아라비아보다는 좀 적지만, 천연가스는 210조 톤가량으로 사우디아라비아보다 열 배가량 더 많다'고 분석 결과를 발표했습니다. 그러면서 7광구를 포함한 동중국해를 또 하나의 페르시안 걸프(Another Persian Gulf)라고 기술했습니다. 중국 양쯔 강에서 수억, 수십억 년 동안 흘러내려온 토사들이 차곡차곡 동중국해 바닥에 쌓이면서 대규모 석유 자원을 만들었다는 겁니다.

세계에서 가장 큰 석유 자원이라니…! 게다가 국제기구인 UN에서 이런 보고서를 내놨으니 당시 석유 한 방울이 아쉬웠던 박정희 정권은 눈이 휘둥그레질 수밖에 없었을 겁니다. 그래서 UN 보고서가 나온 바로 다음 해인 1969년 대륙붕 주권을 선언하고, 1년 뒤 1970년엔 아예 한반도 주변 대륙붕을 1광구부터 7광구까지 금 그어서 나눈 뒤, 여기 '우리 땅!' 하고 선언해 버렸습니다. 물론 우리가 우리 땅이라고 주장한다고 해서 인접 국가(일

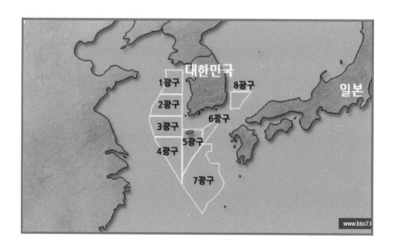

한반도 주변 대륙붕의 광구

분노가 세상을 바꾼다

본과 당시 중공)나 국제사회가 인정해주는 건 아니지만 일단 영유권을 선언하고, 그다음 경계를 획정하는 게 순서거든요.

그런데 당시 우리가 가장 관심 있었던 7광구는 지리적으로 보면 한국보다는 일본 쪽에 더 가까운 게 사실입니다. 당연히 일본도 가만히 있지 않았죠. 아니, 일본 코앞에 있는 대륙붕을 한국이 어떻게 자기네 땅이라고 주장할 수 있느냐, 일본도 당시 UN의 에머리 박사 보고서를 봤을 테니 양보할 수 없다는 입장이었을 겁니다. 그런데 이상하게도 일본이 쎄게 나오질 못했습니다. 지금이라면 몰라도 당시 경제적으로나 국제적 위상으로나 한국은 일본의 상대가 되질 않았는데도 말이죠. 먼저 일본은 한국이 7광구 영유권을 계속 주장하면 당시 한·일 간 논의가 오가던 일본의 차관 제공을 중단하겠다고 통보해왔습니다. 경제개발의 밑천이 될 자금으로 일본이 제공하는 차관만 바라보던 박정희 정권 입장에선 아킬레스건을 잡혔다고 생각했을 겁니다. 그러나 당시 박정희 정부는 7광구를 포기하지 않았습니다.

"일본이 차관 제공 논의 중단하겠다고 통보해왔을 때 일부 참모들은 포기하자고도 했었어요. 그런데 (박정희) 대통령이 일본 차

관 들어오지 않으면 고생은 되겠지만 경제개발 해나갈 수 있다. 그
러면서 7광구는 국제 해양법상 엄연히 우리 영토인데 우리가 이걸
양보해서는 안 됩니다. 국가적으로 봤을 때 7광구는 실질적인 면
에서 독도보다 더 중요하다면서 밀어붙였어요."

● 김정렴, 당시 대통령 비서실장

박정희 대통령에 대한 평가가 갈리긴 하지만, 저는 개인적으
로 그 사람은 대통령이라는 자리에 오르면 안 되는 사람이었다
고 생각합니다. 다른 걸 다 떠나 죄 없는 사람들을 너무 많이 죽
였거든요. 그러나 7광구 문제에 대한 용기 있는 대처만큼은 높
이 평가합니다.

당시 우리 정부가 7광구가 일본 코앞에 붙어있는데도 국제
법상 '우리 영토'라면서 세게 밀어붙이고, 일본도 저자세로 나오
던 데는 이유가 있었습니다. 당시 국제 해양법은 바닷속에 있는
해저 대륙붕은 어느 나라에 가까이 있느냐가 중요한 게 아니라,
어느 나라 육지와 연결돼 있느냐가 더 중요했거든요. 7광구의 경
우 거리상 일본 땅과 가깝긴 하지만, 하필이면 7광구 대륙붕이
끝나는 지점과 일본 오키나와 사이에 깊이가 600m에 달하는 깊

분노가 세상을 바꾼다

은 해구(해저협곡)가 있어서 일본 땅과 단절된 형태입니다. 반면 한반도 남해에서 시작된 대륙붕이 제주도를 거쳐 남쪽으로 완만하게 쭉 한 덩어리로 이어져 있어서 이건 한국 땅이라 주장할 수 있었던 겁니다. 당시 국제 해양법상으로도 이걸 인정해주는 추세였고요.

국제 해양법상 한국의 논리가 우세하니 일본은 당시 국력이 월등했음에도 불구하고 우리에게 한 수 접고 들어오는 수밖에 없었습니다. 이후 일본은 차관을 제공해줄 테니 7광구를 공동으로 개발하자고 수정 제안을 해왔습니다. 당시만 해도 우리가 7광구 석유를 개발하겠다고 덜컥 선포하긴 했지만, 사실 석유를 시추하는 건 물론 어디 묻혀 있는지 탐사하는 기술도 전혀 없었고, 또 돈도 없었습니다.

결국 일본의 제안을 받아들이기로 했습니다. 공동개발하는 대신 포항 종합제철소를 건설하는데 일본이 기술과 자금을 지원하는 것을 조건으로 내걸고 말이죠. 1978년 한·일 양국은 7광구를 공동개발하기로 조약을 맺습니다. 석유가 나오면 양국이 반반씩 나눠 갖는 걸로 하고, 이때부터 7광구의 이름도 'JDZ(Joint Development Zone) 한일공동개발구역'이라 부르기로 합

JDZ 한·일 공동개발조약, 1978년 6월 22일

의했습니다. 한·일 양국은 이후 적극적으로 탐사를 벌여서 가능성 있는 지점 7곳에 실제 시추까지 했습니다. 그리고 3곳의 시추공에서 경제성은 떨어지지만, 석유와 천연가스가 나오는 것이 확인됐습니다. 이제 우리도 산유국 된다고, 부자 나라가 된다고 온 나라가 떠들썩했습니다. '제7광구, 검은 진주~'라는 대중가요가 울려퍼지기도 했습니다. '제7광구'라는 노래를 검색해보면 '정난이'라는 가수가 부른 그 당시 노래가 나오는데 가사가 절절합니다.

분노가 세상을 바꾼다

가요 '제7광구'를 부른 가수 정난이

나의 꿈이 출렁이는 바다 깊은 곳

흑진주 빛을 잃고 숨어있는 곳

제7광구 검은 진주

새털구름 하늘 높이 뭉실 떠 가듯

온누리의 작은 꿈이 너를 찾는다

제7광구 검은 진주

 조용히 맞은 세월 몸을 숨겨온

위대한 너의 숨결 귀 기울인다

제7광구 검은 진주

● 가수 정난이, 〈제7광구〉(1978), 작사·작곡 이승대

그러나 그것으로 끝이었습니다. 공동개발에 나선 지 8년 만인 1986년 일본은 갑자기 탐사 중단을 선언하고 철수해 버립니다. 갑자기 말이죠. 이유는 석유가 묻혀 있을 가능성이 없기에 더 이상 탐사와 시추는 돈만 낭비하는 셈이라는 겁니다. 시추선과 장비 모두 일본 소유였기에 떠나가는 걸 바라보고 있을 수밖에 없었습니다. 그렇다면 우리가 자본과 기술이 없으면 미국이나 다른 나라를 끌어들여 공동개발하면 되지 않겠나 싶지만, 이것도 불가능했습니다. 1978년 맺은 한·일 공동개발 조약에 '한·일 양국이 반드시 동의하고, 공동으로 참여해야만 탐사와 시추 같은 개발 행위를 할 수 있다'고 합의했기 때문입니다. 이 조항 때문에 일본이 동의하고 참여하지 않으면 한국이 단독으로 JDZ 7광구를 개발하는 것은 물론 탐사하는 것조차 불가능했습니다.

당시 왜 이런 조항에 합의했을까요? 지금 와서 보면 한국이 일본에 속아서 바보같이 불리한 조약을 체결했다고 생각할 수도 있습니다. 당시 이 조항이 어느 나라가 요구해서 조약에 명시

분노가 세상을 바꾼다

된 건지는 알려져 있지 않습니다. 그러나 당시 자본과 기술이 거의 없었던 우리로선 오히려 일본이 자본과 기술을 바탕으로 한국을 빼고 독자적으로 개발에 나설 가능성도 있다고 판단해 반드시 양국이 합의하고 공동으로 들어가야만 한다고 우리가 먼저 요구했다고 보는 시각도 있습니다. 결과적으로 이 조항 때문에 1986년 일본이 JDZ에서 철수한 이후 지금까지 40년 가까이 흐르는 동안 JDZ 7광구는 시추 한 번 못해보고 잊혀진 영토가 됐습니다.

일본은 왜 갑자기 경제성이 없다며 느닷없이 철수했을까요? 남한 면적과 비슷한 크기의 그 넓은 지역에 단 7개 시추공 뚫어보고, 그것도 3곳의 시추공에서 경제성은 없더라도 석유가 나오기도 했는데 말이죠. 일본이 갑자기 철수한 진짜 이유는 따로 있었습니다. 바로 국제 해양법이 바뀐 겁니다. 1980년대 들어서면서 국제적으로 '200해리 배타적 경제수역'이라는 새로운 해양법 개념이 도입됐습니다. 다른 나라와 겹치지 않으면 200해리 (370km)까지는 사실상 영해와 다름없는 권리를 행사할 수 있게 해주자는 겁니다.

그런데 인접한 다른 나라와 사이에 있는 바다가 400해리

(740km)가 안 될 정도로 가까울 경우 중간선을 그어 경계를 정하자는 개념입니다. 한국과 일본이 딱 이 경우에 해당되는 거죠. 바다는 그렇다 해도 바닷속 대륙붕은 그동안 어느 나라 땅에 붙어있느냐로 영유권을 인정해주는 추세였는데, 대륙붕 자원개발에 전 세계가 눈 뜨기 시작하면서 곳곳에서 대륙붕 소유권을 두고 분쟁이 벌어졌거든요. 북극해 대륙붕을 두고 캐나다와 러시아가 싸웠고, 인도네시아와 호주도 서로 자기 대륙붕이라고 우기는 중이었습니다. 그러다 보니 새로 제정된 국제 해양법에선 대륙붕도 복잡하게 하지 말고, 그냥 간단히 중간선 그어서 정하자는 추세로 바뀌기 시작한 겁니다.

일본이 이걸 본 겁니다. 기존의 해양법으론 일본이 불리했지만, 새 해양법에서 양국 간 중간선으로 그어서 대륙붕 경계를 정한다면 일본이 훨씬 유리하게 되거든요. 실제로 한국과 일본의 중간선을 그어보면 7광구는 거의 대부분에 해당하는 90%가량이 일본 소유로 넘어가게 됩니다. 굳이 한국과 공동개발했다가 만약 뭐라도 나오면 반반씩 나눠야 하는데 아깝다는 생각이 들었을 겁니다.

결정적으로 1978년 양국이 체결한 JDZ 한일공동개발 조약이 영구적인 조약이 아니라 딱 50년간 유효한 일시적인 조약이라는 겁니다. 조약이 종료되는 시점은 2028년 6월 22일입니다. 그리고 50년 조약이 만료되기 3년 전, 그러니까 2025년 6월 22일에 양국은 조약을 연장할지 아니면 폐기할지 통보하게 돼있습니다. 땅속에 묻힌 석유가 어디 도망가는 것도 아닌데 굳이 한국과 합의했다고 공동개발해서 반반씩 나눌 필요가 있을까요? 2028년 조약이 종료되면 일본이 독차지할 수 있을 텐데. 물론 일본 정부가 이를 철수 이유로 내세운 적은 없습니다. 지금도 JDZ 7광구에는 석유가 없기에 참여하지 않는 것이라고 이유를 대고 있습니다. 2009년 일본 경제산업성 해저자원 개발 담당자와 7광구 개발에 관해 인터뷰한 적이 있습니다.

"한국보다는 부정적인 판단을 내리고 있습니다. 매장량과 개발 성공 확률에 대해서 한국은 긍정적으로 보고 있지만, 일본 측은 부정적으로 보고 있습니다. 동일한 데이터를 갖고도 그렇게 다른 분석을 하고 있는 셈이지요."

ㆍ 히라이 히로이데, 당시 일본 경제산업성 자원 과장(2009년)

'그렇다면 한국이 모든 탐사와 개발 비용을 대고, 만약 석유 자원이 확인되면 그때 반반씩 수익을 정산하는 건 어떻겠냐'라고 물었습니다. 제가 이 질문을 하면서 이건 도망갈 수 없을 것이라는 생각이 들었거든요. 답변을 들으면서 확신했습니다.

"그런 조건이라도 한·일 간 현재 법적인 틀에서 보면, 한국과 일본 양국의 기업이 반드시 공동으로 추진하기로 돼있기 때문에 한국이 단독 개발을 추진하는 것은 1978년 조약에서 합의한 내용을 파기하는 셈이 됩니다. 조약을 새로 체결하지 않는 한, 현재 한·일 공동개발 조약의 틀 속에선 한국이 단독 개발 추진하는 것을 허용할 수는 없습니다."

- 히라이 히로이데, 당시 일본 경제산업성 자원 과장(2009년)

이때 인터뷰가 일본 정부 관계자와의 처음이자 마지막 인터뷰였습니다. 이후 일본 정부는 일절 한국 언론의 인터뷰 요청을 받아들이지 않고 있습니다. 일본의 속셈은 확실합니다. 시간을 끌겠다는 거죠. 2028년 조약이 종료되면 일본 혼자 독차지할 수 있으니, 굳이 한국과 나눌 필요가 없다는 겁니다. 뭐, 제가 일본의 입장이라도 이해는 됩니다.

"JDZ 해역에서 아무것도 안 하면 안 할수록 자기(일본)한테 유리해지거든요. 만약에 여기서 석유가 한 방울이라도 나오면, 이 해역은 일본이 원하는 대로 중간선으로 경계획정을 한다고 하더라도 한국과의 공동개발구역은 만들어져야 됩니다. 국제사회에서 그동안 다른 국가들이 취했던 관행을 보면 그런 전례들이 있기 때문에 일본은 그런 상황을 막고 싶은 거죠.

역설적으로 석유가 한 방울도 안 보이면 안 보일수록, 뭔가 자원이 조금이라도 안 보이면 안 보일수록, 그리고 한국과 협력을 안 하면 안 할수록 일본에겐 유리하게 되는 거죠."

● 최지현, 제주대 법학전문대학원 교수

조약 종료 3년 전, 2025년 6월 22일 조약 종료를 통보할 수 있으니 일본은 이날 분명히 한·일 공동개발 조약을 연장하지 않고 종료시키겠다고 통보해올 것이 확실합니다. 이제 3년이 채 남지 않았습니다. 어떤 방법이 있을까요? 일본이 공동개발이라는 신의성실의 원칙을 지키지 않고 일방적으로 거부하고 있으니 지금이라도 일본의 반대를 무시하고 단독개발에 들어가면 되는 것일까요? 감정적으로는 이해 가지만, 이건 일본이 가장 바라는 바입니다. 한국이 단독개발 하겠다고 7광구에 탐사선 들여보내는 순간, 일본은 바로 한국이 조약을 어겼다고 조약 파기를 선언하며 국제 재판으로 끌고 갈 것입니다. 시간은 자꾸 흐르는데, 시간은 우리 편이 아닙니다. 그렇다고 방법이 아주 없는 건 아닙니다. 우리 정부의 의지의 문제죠. 어떤 방법이 있을지 풀기 전에 또 한 가지 아주 복잡한 변수가 등장했습니다. 중국이 숟가락을 얹기 시작했거든요.

일본의 이중성
중·일 공통개발구역

대륙붕 7광구는 타이완에서 일본 오키나와, 그리고 제주도를 사이에 둔 동중국해 해저. 한·중·일 3국의 한가운데 자리 잡고 있습니다. 그리고 7광구 서쪽 대륙붕에는 이미 중국의 해상 유전이 4개나 가동되고 있습니다. 중국 해상 유전들은 1996년 발견돼 석유와 천연가스를 뽑아 올리고 있는데, 7광구와 그리 멀지 않은 지점들입니다. 7광구가 가능성이 있다고 보는 이유도 이

분노가 세상을 바꾼다

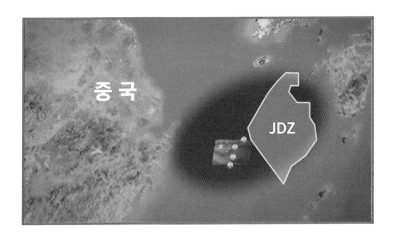

중국의 4개 해상 유전 위치

때문입니다. 대륙붕 두께가 가장 두터운 곳이 가장 많은 퇴적물이 쌓인 지역이기에 석유가 매장돼 있을 가능성도 높은데, 중국의 해상 유전들이 있는 곳과 7광구 지역이 대륙붕 두께가 가장 두꺼운 지역으로 서로 연결돼 있습니다.

중국 해상유전들 매장량이 어느 정도나 되는지 중국 정부가 공개하고 있지는 않습니다. 다만 해저 파이프라인까지 건설해 상하이로 연결한 것으로 봐서는 상당량에 달할 것으로 추정됩니다. 그런데 중국이 욕심을 더 부렸습니다. 2005년에 동중국해에서 '룽징'이라는 새로운 유전을 발견하고 석유와 천연가스를 확인했습니다. 본격적으로 시추를 추진했는데, 이 지점이 JDZ 7 광구에서 10km 정도 떨어져 있었습니다. 일본 정부가 강력하게 항의하며 브레이크를 걸었습니다. JDZ와 너무 가깝다는 거죠. 땅속의 석유는 서로 연결돼 있을 가능성이 높아 롱징 유전을 개발하면 혹시 있을지도 모를 JDZ 내 석유 자원도 같이 빨려 들어갈 가능성이 있다는 이유였습니다. 아니 한국에게는 JDZ에 석유 묻혀 있을 가능성이 없어서 돈만 낭비하는 거라고 하더니, 중국에게는 우리 석유 빨려 들어간다며 개발하지 말라는 이중성은 어떻게 봐야 하나요?

일본이 워낙 거세게 항의한데다 또 2008년 베이징 올림픽을 앞두고 있던 터라 중국은 일단 개발을 보류하고 롱징 유전의 뚜껑을 덮었습니다. 그런데 이후 웃기는 일이 벌어집니다. 오히려 일본이 중국에 공동개발을 제안했거든요. 롱징 유전에서 이왕 석유와 천연가스가 나오는 걸 확인했으니, 중국과 일본이 그 일대를 중·일 공동개발구역으로 설정해서 반반씩 나누자는 내용이었습니다. 중·일판 JDZ인 셈이죠.

처음에 중국은 콧방귀도 뀌지 않았지만, 일본은 이 문제를 중·일 간 정상회담 의제로 올리면서 사건을 크게 만들었습니다.

때마침 베이징 올림픽도 다가오고 있었거든요. 결국 2008년 베이징 올림픽을 두 달 앞두고 일본 후쿠다 총리와 중국 후진타오 주석은 중·일 공동개발구역 설정에 합의합니다. 그런데 설정된 중·일 공동개발구역의 위치를 보니까 7광구 JDZ 서쪽 경계면에서 고작 860m 떨어져 있었습니다. 860km가 아니라 고작 860m였습니다.

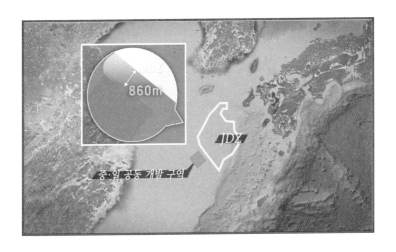

중·일 공동개발구역

JDZ가 경제성 없다고 한국에는 손사래를 쳐놓고, 엎어지면 코 닿을 거리에 중국에게 사정해서 공동개발구역을 새로 설정한 겁니다. 우리 정부는 이런 상황을 왜 멀뚱멀뚱 바라만 보고 있는지 모르겠습니다. 그런데 중·일 공동개발구역은 설정됐지만, 개발은 진행되지 않고 있습니다. 일본은 적극적이지만 중국이 나서지 않고 있거든요. 2016년부터는 일본이 해마다 중·일 정상회담 의제로 중·일 공동개발구역 개발 문제를 상정해 중국을 압박하고 있지만, 중국은 움직이지 않고 있습니다.

그리고 조만간 조약이 종료될 JDZ 7광구를 한국과 일본뿐 아니라, 중국도 지켜보고 있습니다. 사실 1978년 한국과 일본이 7광구에 대해 공동개발 조약을 체결할 때 중국(당시는 중공이었죠)도 '거기는 양쯔강에서 내려간 퇴적물들이 쌓여서 만들어진 대륙붕이니 우리 지분도 있다. 그러니 한국과 일본의 일방적인 공동개발 조약을 인정할 수 없다'라고 주장하긴 했습니다. 그러나 당시 중국의 국력은 지금과는 비교가 안 될 정도였기에 한국과 일본이 조약에 도장 찍는 걸 지켜보기만 했습니다. 그러나 지금은 다릅니다. JDZ가 어찌됐든 국제적인 조약이 체결돼 있는 지역이라 지켜보고만 있는 거지 조약이 종료돼서 무주공산이 돼 버리면 "JDZ는 중국 땅!" 하면서 들어올 가능성이 매우 높습니다. 그것도 아주 공격적으로 군함을 앞세우고 들어올 가능성이 크죠.

7광구가 자리한 JDZ 해역은 자원도 자원이지만 전략적으로 한·중·일 3국에게 매우 중요한 위치거든요. 시간은 흘러가는데 중국이라는 또 다른 변수까지 등장해 상황은 더욱 복잡해졌습니다. 우리에게 가장 좋지 않은, 최악의 시나리오는 일본이 JDZ 조약을 종료시킨 뒤 한국을 배제하고 JDZ 7광구 전체를 중국과 공동개발구역으로 설정하는 상황입니다. 일본 입장에서 한국과 조약 종료한 뒤 독자 개발할 경우 중국이 가만 있지 않을 것이 분명한데, 한국은 몰라도 중국은 버겁다고 생각할 수 있습니다. 한·중·일 3국이 공동개발해 3등분 하는 것보다는 한국은 배제 시키고 중국과 공동개발해 반씩 나누는 것이 득이라고 판단할 수 있습니다.

우리 입장에선 생각하기도 싫은 최악의 시나리오일 겁니다. 그동안 우리 정부는 도대체 뭘 하고 있었느냐는 책임론도 당연히 불거질 것입니다. 물론 JDZ의 위치가 너무나 중요해서 일본이 자원의 문제보다 더 큰 위협이 될 수 있는 지정학적 문제 탓에 선뜻 중국의 제안에 응하겠냐는 분석도 있습니다. 게다가 한·미·일 동맹 체제하에서 일본이 한국을 배제한 채 중국을 택할 수 있겠느냐는 의문도 있죠. 그렇지만 피는 물보다 진합니다. 그리고 동맹보다 진한 게 돈입니다. 가능성이 전혀 없는 시나리오는 아니라는 점도 염두에 둬야 합니다.

———

"충분히 경계해야 할 시나리오라고 봅니다. 왜냐하면 일본은 중국하고 센카쿠열도(尖閣列島)·댜오위다오(釣魚島) 문제 때문에 상당히 격렬하게 서로 다투고 있으니까요. 또 미국과 인도, 태평양 전략에 참여해서 중국을 포위하는 전략을 구사하고 있지만, 중국과 경제적인 협력은 유대해야 한다는 얘길 계속해서 하고 있거든요. 그런 측면에서 공동개발도 중국을 향해서 손 내밀 가능성은 충분히 있습니다."

● 최지현, 제주대 법학전문대학원 교수

———

해법은…
시끄러워져야 한다

———

2025년 6월 22일까지 이제 3년이 채 남지 않았습니다. JDZ 7 광구를 둘러싼 키워드가 석유자원, 영토분쟁, 그것도 일본과의 영토분쟁이라는 점에서 뭐 하나 해보지도 못하고 넘겨준다면

분노가 세상을 바꾼다

국민적 분노와 항의가 폭발할 것이 분명합니다. 일본은 지금까지 그래왔듯이 시간을 계속 끌려 할 겁니다. 그리고 중국도 분명히 들어올 겁니다. 자칫하면 몇 년 뒤 JDZ 7광구는 동북아 지역의 새로운 화약고가 될 가능성도 있습니다.

한국 입장에서 가장 좋은 현실적인 해법은 국제조약인 JDZ 한·일 공동개발 조약을 연장시키는 일입니다. 50년간 이어진 국제조약인 만큼 중국이 함부로 한국과 일본, 양국 간의 조약을 무력화시킬 수는 없습니다. 물론 조약이 연장된다고 해서 한국과 일본이 석유 자원을 당장 개발에 들어가는 건 중국이 개입하는 빌미를 주는 행동이기에 실질적인 자원 개발은 중국을 포함한 3국이 포괄적인 협정을 새로 추진해야 하겠지만, 아수라장이 되는 걸 막기 위해 일본과 조약 연장이 최선의 방법입니다.

그러려면 남은 시간 동안 일본을 설득해야 합니다. '한국과 조약을 깨더라도 일본은 혼자 절대 먹지 못한다. 중국이 숟가락 얹겠다고 들어올 텐데, 일본 입장에서 중국은 한국보다 상대하기에 훨씬 까다롭고 버거운 상대. 그나마 지금은 국제적인 조약이 있으니 중국이 넘어오지 않는 거지, 조약이 사라지고 나면 아마 군함을 앞세우고 들어올 것이다. 그러니 한국과 조약을 일단 연장하는 것이 일본의 국익에도 유리하다'라고 말이죠.

> "한·일 간의 JDZ 조약을 파괴하는 것이 여러모로 일본한테 유익한 요소가 전혀 없다는 거죠. 중국이 JDZ 해역으로 들어오는 걸 승인한다는 의미나 마찬가지기 때문에 일본 입장에서는 현재 한국과 JDZ 조약을 유지하는 것에 비해 득보다 실이 훨씬 큰 셈법인 거죠. 그래서 그것은 일본한테도 결코 유리한 접근법이 아니라고 저희들은 분석하고 있습니다."
>
> ● 양희철, 한국해양과학기술원 정책연구소장

그러나 일본이 어떤 의도와 전력을 갖고 있는지 정확히 알 수 없는 상태에서 일본의 태도 변화만을 기다리는 건 위험합니다. 그렇다면 우리가 먼저 중국에 손을 내밀어 한·중·일 3국 공동의 평화수역으로 만들어 공동개발을 제안하는 것이 어떻겠냐는 의견도 있습니다. 여차하면 다 뺏길 수 있는데, 차라리 중국을 끌어들여 1/3이라도 건지면 어디냐는 겁니다. 일견 그럴 듯하지만, 일단 중국이 받아들일 가능성은 높지 않습니다. 그리고 자칫 이런 행동이 일본으로 하여금 한국이 먼저 국제적인 조약을 위반했다고 국제사회에 주장할 수 있는 빌미를 줄 수도 있습니다.

남은 기간 일본이 이 문제에 대해 공식적으로 나서게끔 압박해야 하는데 그러려면 당연한 얘기지만 우리 정부의 의지가 무엇보다 중요합니다. 그런데 정부의 의지가 확실한지에 대해선 솔직히 매우 의문스럽습니다. JDZ 문제에 대한 최종적인 정책 결정은 외교부에서 하고 있습니다. 그러다 보니 되는 일도 없고, 안 되는 일도 없습니다. 그냥 시간만 보내고 있습니다. 한국과 일본의 일개 외교 부서 차원에서 논의할 게 아니라 한·일 정상 간 의제로 격상시킬 것을 제안합니다. 두 나라의 정상이 마주보고 종료 시점이 곧 닥치는데 어찌할 것인지 담판을 지어야만 어느 쪽으로든 결론이 날 문제입니다.

한·일 간 여러 가지 현안이 있습니다. 그러나 대부분 과거의 문제들입니다. 물론 반드시 풀고 가야 할 중요한 문제들입니다. 반면 7광구를 어찌할 것인가는 한국과 일본의 과거가 아닌 미래의 문제, 우리 후손들의 문제입니다. 한·일 간 현안 가운데 이보다 중요한 현안이 또 있을까 싶습니다. 그러니 양국의 정상들이 직접 만나서 결론을 내릴 수 있도록 정상회담 의제로 격상시켜야 한다는 겁니다. 일개 부처 차원에서 해결될 문제가 아닙니다. JDZ 바로 옆에 붙어있는 중·일 공동개발구역도 중국이 처음엔 콧방귀도 뀌지 않았지만 일본이 2008년 일본 후쿠다 총리와 중국 후진타오 주석 간 정상회담 의제로 올리면서 전격적으로 합의된 바 있습니다.

마지막으로 국제 재판까지 염두에 둬야 합니다. 2025년 일본은 한·일 공동개발조약 종료를 선언하고, 한·일 간 중간선으로 대륙붕 경계를 획정하려 할 가능성이 높습니다. 우리로선 이 상황에 대비하기 위해 뭔가 실적(?)을 쌓아둬야 합니다. 우리는 공동개발 합의 원칙에 입각해서 계속 개발하고자 시도했으나 일본이 원칙을 위반하고 계속 뭉개는 바람에 아무것도 하지 못했다고 말이죠.

2020년 1월 2일, 당시 문재인 정부는 어쩌면 마지막이 될지도 모를 승부수를 던졌습니다. 더 이상 기다릴 수 없으니 JDZ에 대한 탐사와 개발에 들어가겠다라고 선언했습니다. 그러면서 JDZ를 탐사하고 개발할 우리 측 사업자로 석유공사를 지정했습니다. 그리고 외교부가 그해 2월 일본 외무성에 한국의 결정 사항을 통보하고, 일본도 개발사업자를 지정해줄 것을 요청했습니

분노가 세상을 바꾼다

다. 한·일 공동개발조약에 양국이 반드시 개발사업자를 각자 지정해 같이 개발에 들어가도록 돼있기 때문이죠. 물론 일본이 어떻게 나올지 어느 정도 예상은 하고 있었지만, 우리는 뭐라도 하려 했다는 실적을 쌓기 위한 명분도 있었습니다.

예상대로 일본 외무성은 석 달이 지나도록 답하지 않았습니다. 당시 저희 취재팀도 일본 외무성과 경제산업성에 한국은 이미 석유공사를 지정했는데, 일본은 개발사업자를 지정할 것인지에 대해 이메일과 전화로 입장을 요청했지만 취재에 응하지 않겠다는 답변이 돌아왔습니다. 일본도 한국의 의도를 아마 잘 알고 있을 겁니다. 그냥 '개무시'했다가는 나중에 국제 재판으로 갈 경우 일본에 불리하게 작용할 수 있을 것이란 사실을 일본도 염두에 두고 있었을 겁니다. 한국이 일본에 통보한 지 약 여섯 달 만인 2020년 8월 일본 외무성으로부터 응답이 왔습니다. 먼저 한·일 공동위원회를 열어 절차적인 문제를 논의하는 것이 좋겠다는 내용이었다고 합니다.

당시 우리 정부는 시간이 많지 않으니 절차적인 문제보다 한국이 JDZ 내 어느 지역을 탐사하려는지, 또 그 지역을 가능성 있게 보는 근거, 한국 석유공사가 어떤 방법으로 탐사하려는지 정보를 공유하겠다며 공동개발조약에 나와있는 대로 '이행 협의' 단계로 바로 넘어가자고 제안했습니다. 그러나 일본은 먼저 절차 문제를 논의할 공동위원회 개최부터 해야 한다고 고집했다고 합니다. 일본이 또 시간을 끌려 하는 의도가 보였지만, 일본 요구대로 그럼 한·일 공동위원회부터 빨리 열자고 했습니다. 그러자 일본에서 당장은 안 된다는 거예요. 이유는 당시 일본에 코로나 사태 심각해서 외국인 입국이 허용되지 않으며, 코로나 대처하기도 급급해서 일본 측 인사들이 한국에 갈 처지도 못 된다는 것이었죠. 그러니 코로나 끝나면 그때 논의 시작하자는 답변이 왔다고 합니다.

코로나 핑계를 가져온 건 '신의 한수'였다고 일본 내에서 박수쳤을 수도 있을 것 같습니다. 그러나 한국이 또 다른 한수를 꺼내 들었습니다. 그렇다면 화상회의로 공동위원회를 열자고 제안한 거예요. 코로나19가 창궐하고 있어도 화상회의는 열 수 있지 않느냐고. 일본 측 당황하는 모습이 머릿속에 막 그려집니다. 며칠 뒤 일본에서 다시 답변이 왔습니다. '이런 양국 간 중대사안을 논의하는데 화상회의로 진행하는 건 아닌 것 같다. 중요한 회의인데 서로 얼굴 마주 보면서 해야지 뭐가 그리 급하냐. 코로나 진정될 때까지 조금만 더 기다려 달라'고 말이죠. 점점 재미 있어지죠?

한국에서 다시 답했다고 합니다. '중요한 사안이라 대면 회의가 필요하다는 점 인정한다. 그럼 한국 외교부와 산업자원부 국장급 실무자들이 일본에 건너가겠다. 대신 입국은 하지 못하니 공항 입국 게이트 통과하지 않고 공항 내에 회의할 장소 한 곳을 지정해주면 가서 우리 측 탐사계획과 수집된 정보도 공유하겠다.'

몇 년 전 일본이 반도체 소재 수출 중단하겠다고 선언했을 때 일본에 협상하러 건너간 한국 측 실무자들을 무슨 허름한 창고 같은 데 데려다놓고 공개적으로 망신을 준 적 있었잖아요? 그래도 상관 없다는 거죠. 일단 절차를 빨리 진행시켜야 하니까 말이죠. 일본도 여기까진 생각 못했나 봅니다. '절차와 형식은 좀 지켜달라. 당장 코로나 때문에 일본 하계 올림픽도 1년 연기해서 그거 준비하느라 여력이 없다. 그러니 내년 2021년 올림픽 치르고 코로나 좀 진정되면 본격적으로 논의하자.'

도쿄 올림픽이 끝난 이후에도 일본은 일절 대응을 하지 않고 있습니다. 일본의 의도는 분명합니다. 그러나 이러한 한국의 시도와 압박은 후일을 대비한 훌륭한 실적(?)이 될 수 있습니다. 그리고 지난 2021년 여름부터 또 다른 실적을 추진하고 있습니다. 일본이 7광구 내부 탐사와 개발엔 응답을 하지 않고 있으니, 7광구 바로 위쪽 4광구와 5광구를 탐사하겠다고 석유공사가 개발계획을 산업자원부에 신청했습니다. 산자부는 바로 승인하고 올해, 2022년 탐사에 필요한 예산도 배정을 끝냈습니다. 중요한 건 탐사할 구역이 4광구와 5광구의 맨 아래쪽 7광구와의 경계면입니다. 이 지역에 우리 탐사선이 들어가는 건 2002년 이후 20년 만에 처음 있는 일입니다.

7광구에 들어가는 건 아니지만, 바로 경계면에 탐사선을 보내겠다는 것이므로 일본이 가만 있겠느냐는 질문을 산자부에 던져보았습니다. 아마도 가만 있지 않을 것이고, 굉장히 시끄러워질 것이며, 분명히 일본 자위대 초계기가 날아올 것이라는 답이었습니다. 그러나 시끄러워지는 게 우리에게 절대 불리하지 않다는 실무진들의 생각이었습니다. 한 번 더 물었습니다. 그렇다면 혹시라도 탐사하다가 석유가 묻혀 있을 것 같은 구조가 발견되면 어찌할 것인가? 그랬더니 시추도 염두에 두고 있다는 답변이었습니다. 해저 시추에 보통 500억 원 정도 드는데, 가능성 있는 구조가 발견된다면 시추하지 않을 이유가 없다는 설명이었습니다.

탐사선이 돌아다니기만 해도 시끄러워질 텐데, 시추선이 가서 드릴 작업을 한다면 일본이 어떻게 반응할지 자못 궁금해집니다. 원래 올해 탐사선이 들어갈 예정이었지만, 이 글을 쓰는 현재까지 탐사가 실시되진 않고 있습니다. 물론 정부가 바뀌었고, 윤석열 정부가 일본과 화해 무드를 조성하는 상황이라 굳이 시끄러운 일을 벌이고 싶지 않을 수도 있을 겁니다. 그러나 시간은 절대 우리 편이 아닙니다.

최후의 방법은 이런 실직을 바탕으로 국제 재판으로 가는 겁니다. 그러나 만약 재판으로 가야한다면 JDZ 조약이 종료되기 전, 그러니까 2028년 6월 이전에 우리가 먼저 국제적인 기구에 일본의 합의 위반을 내세워 분쟁 조정 절차를 요구해야 합니다. 1978년 체결한 한·일 공동개발조약엔 지금과 같은 경우를 대비해 26조에 분쟁 해결 조항을 마련해 뒀는데 조약이 종료되면 분쟁 해결 조항도 효력을 잃게 됩니다. 따라서 조약이 종료된 이후, 아무리 억울하다고 하소연해도 이미 버스 떠난 뒤 손 흔드는 격이라는 사실을 명심해야 합니다. 더 중요한 건 일본이 거부해도 계속 뭔가 시도해야만 우리나라가 재판에서 조금이라도 유리한 상황을 만들 수 있다는 사실입니다.

"공동개발협정 목표 자체가 말 그대로 공동으로 같이 개발하자는 것인데, 이를 거부한다면 사실상 협정의 목적과 취지를 이탈하는 것이기 때문에 그런 면에서 보면 이제 국제 재판으로 가더라도 꼭 불리하지 않을 수 있습니다. 그렇지만 제가 국제 재판을 겪어본 경험으로 보면 여러 가지 굉장히 많은 변수와 생각지도 못한 문제들이 있기 때문에 그 결과를 미리 예단하기는 사실 쉽지 않습니다."

● 김두영, 전 국제해양재판소 사무차장

그러나 일본의 판단은 좀 다릅니다. 일단 일본 외무성이나 경제산업성, 일본 석유공사 등 정부 기관은 일절 취재에 응하지 않고 있습니다. 다만 일본 해양정책 본부가 법적인 자문을 받고 있는 10명의 민간 자문위원들이 있는데, 이 가운데 한 명인 일본 조치대학교 법학부 카네하라 아츠코 교수를 만나 일본이 어떻게 판단하고 있는지 들을 수 있었습니다.

분노가 세상을 바꾼다

"일본이 조약 위반 또는 협정 위반을 했다는 주장이 근거로 있어야 하는데, 그게 없다면 재판으로 갈 필요가 없겠죠. JDZ 조약에는 일본과 한국 양국의 조광권자(개발사업자)가 나와서 탐사와 개발을 하겠다는 신청이 있으면 양국 정부가 각자 인가를 내주도록 돼있습니다. 하지만 일본 내에서 경제성이 없다는 이유로 조광권을 신청하는 기업이 나서지 않는 상태에서 일본 정부는 인가를 내주고 싶어도 내줄 수가 없는 상태입니다.

일본 정부가 일부러 조광권을 내주지 않는 것이 아니라 JDZ를 개발해보겠다고 조광권을 신청하는 기관이 없는데, 이걸 두고 일본이 조약을 위반했다고 말할 수는 없습니다.

따라서 앞으로 양국 간 대륙붕 경계는 국제 재판 결과에 따라 확정될 텐데, 대륙붕 경계를 확정짓는 국제법 규칙은 우선적으로 중간선을 기준으로 하는 것이고, 이의가 있는 경우 공평한 해결을 위해 국제 재판에 따라 조정한다는 것이 원칙입니다.

국제법을 지키는 것은 일본 정부로서는 당연한 것이라고 생각됩니다. 한국도 UN 해양법 조약에 당사국으로 가입돼 있는 만큼 한국도 재판 결과에 따라야 합니다."

● 카네하라 아츠코, 일본 조치대학교 법학부 교수

쉽지 않은 싸움이 기다리고 있습니다. 전력을 다해 싸워도 승산이 그리 높지 않아 보입니다. 우리 외교가 표방하는 슬로건이 '조용하지만 단호한 외교'입니다. 그러나 영토 문제에 있어 조용하면 지는 겁니다. 조용하면 뺏기는 겁니다. 뺏길 때 뺏기더라도 싸워보고 뺏겨야 합니다. 그래야만 단 1%라도 더 지분을 확보할 수 있습니다. 제가 7광구 문제를 처음 취재하기 시작한 게 2009년이었습니다. 13년 동안 이 사안을 취재하면서 바라본 우리 외교부는 적극적이지 않았습니다. 등 떠밀려 어쩔 수 없이 나서는 경우가 있긴 했지만, 그저 조용하기만 바라는 것처럼 보였습니다. 7광구를 두고 우리 외교가 얼마나 소극적이고 패배의식에 사로잡혀 있는지 보여주는 단적인 사건을 다음 편에서 풀어보겠습니다.

2009년 5월 12일, UN

처음 7광구 문제를 접한 건 2009년 5월 초였습니다. 외교부에 개인적으로 아는 형님(?)이 있었는데, 이분이 어느 날 잠깐 보자 해서 만났더니 지금 정부에서 말도 안 되는 짓거리를 벌이고 있다고 토로하기 시작했습니다. "아니 말도 안 되는 짓거리가 한두 개도 아닌데, 뭘 또 벌이길래 그래요?" 웃으며 대꾸했더니, 갑자기 7광구 얘기를 꺼냈습니다. "아니 7광구? 그거 옛날 옛적에 박정희가 석유 나온다고 구라쳤던 거 말이에요? 그게 지금도 있어요?" 어릴 적 기억 속에만 남아있던 7광구는 그렇게 세상 밖으로 다시 나오게 됐습니다.

2009년 5월 12일, UN에서 중요한 위원회가 열렸습니다. 이날 전 세계에서 대륙붕을 가진 해안국들은 자국의 대륙붕 영토가 어디까지인지 그 근거 문서를 제출하는 마지막 날이었습니다. 세계 곳곳에서 대륙붕 자원 개발이 활발해지면서 러시아와 캐나다를 비롯해 여러 나라 간에 대륙붕을 두고 서로 자기네 땅이라며 영유권 분쟁이 일어났습니다. 그러자 UN은 대륙붕한계위원회(CLCS)라는 별도 기구를 만들어 1999년 대륙붕이 있는 국가들에게 자국의 대륙붕이 어디까지고, 그 근거는 무엇인지 조사해서 문서로 제출하라고 통보했습니다. 그러면 UN 대륙붕한계위원회 심사위원 21명이 심사해서 일종의 교통정리를 해주겠다는 취지였습니다. 조사에 많은 시간과 자금이 들어가기 때문에 10년이란 충분한 시간을 줬고, 그 데드라인이 2009년 5월 12

일이었습니다.

당연히 우리나라도 당장 2000년부터 조사에 착수했습니다. 한국지질자원연구소가 과학적인 조사 부분을 담당해 2006년까지 6년간 약 20억 원의 연구비를 투입해 한국 대륙붕 영토 경계면이 7광구 JDZ 남쪽 끝부분 오키나와 해구 직전까지이며, 그 근거는 무엇인지 조사한 보고서를 내놨습니다. 2008년 10월경 UN 대륙붕한계위원회에 제출할 최종 보고서를 국문판과 영문판 두 가지 버전으로 작성해 당시 외교통상부 조약국에 제출했습니다. 보고서 내용은 공개되지 않았지만, 전체 150페이지 분량으로 왜 한국의 대륙붕 영토가 JDZ 남단 끝부분까지인지 근거자료를 상세히 기술했다고 합니다. 러시아가 일찌감치 UN에 첫 번째로 문서를 제출했고 일본도 13번째로 제출했습니다. 마감일인 2009년 5월 12일, 쿠바가 마지막 51번째로 문서를 제출했습니다. 그런데 문서를 제출한 51개국 명단에 한국이 빠져 있었습니다.

"아니 20억 원 예산을 들여 150페이지 분량으로 영문판 문서 작성했다면서 왜 제출을 안 했어요?" 외교부의 아는 형님이 들려준 스토리에 정말 탄식이 절로 나왔습니다.

분노가 세상을 바꾼다

우리나라가 아예 문서를 제출하지 않은 건 아니었습니다. 한국은 정식 문서가 아닌 'PI(Preliminary Information)' 즉 예비정보로 제출한 국가 목록에 들어있었습니다. 예비정보란 대륙붕 조사에 많은 비용과 과학기술이 필요한 만큼 재정적으로, 또 기술적으로 대륙붕을 조사할 능력이 없는 나라들이 간단하게, 말 그대로 예비 단계로 제출하는 문서를 말합니다. UN이 개발도상국들을 위해 마련한 일종의 배려 조치로 일단 예비정보로 대륙붕 영토가 어디까지인지만 밝혀두고 그 근거는 나중에 조사해서 제출하라는 제도였습니다.

한국이 제출한 예비정보 문서는 겉표지를 포함해 달랑 8페이지로 근거는 언급하지 않은 채 한국의 대륙붕 경계가 오키나와 해구 직전까지라고만 표기하고 있었습니다. 150페이지에 달하는 상세한 정식 문서를 만들어 놓고도 왜 달랑 8페이지짜리 예비정보 문서로 제출했을까요? 외교부 형님이 기자인 저를 불러내 말해준 '한국 정부가 벌이고 있는 말도 안되는 짓거리'가 바로 그 이유였습니다.

UN 대륙붕한계위원회에 문서를 제출할 시기가 임박했을 무렵, 당시 외교통상부는 의견을 수렴하기 위해 법학자와 과학자 등으로 민간 자문위원회를 구성했습니다. 모두 여섯 차례 자문회의가 소집됐는데, 여기서 외교부가 150페이지짜리 정식 문서 대신 8페이지짜리 약식 예비정보 문서로 제출하자고 결정했다는 겁니다. 그 이유로 일본 외무성이 한국과 일본 사이 해역은 400해리 미만으로 조만간 중간선으로 대륙붕 경계가 결정될 해역이기에 한국이 중간선 너머까지 대륙붕 영토를 주장하면 안 된다고 강조하고 있기 때문이었다고 합니다. 민간 자문위원들을 만나 당시 상황을 전해들을 수 있었습니다.

"우리 외교부가 일본 외교관들과 사전에 만나 협의할 때 그러더래요. 한국이 오키나와 해구 직전까지를 한국 대륙붕 경계로 하는 문서를 제출할 순 없지 않겠느냐. 한국이 UN에 정식 문서를 제출하면 일본이 용납할 수 없다고. 일본 정부가 강하게 이의제기를 했다는 거예요."

● 민간 자문위원 A

"외교 문제가 걸려 있으니까 일단 예비정보를 제출하되, 정식 문서도 하나 만들어 놓자, 두 가지 다 만들어 놓은 거예요, 그래서 일본의 반대가 심하면 예비정보로 가고, 일본이 어느 정도 수긍을 하면 정식 문서를 내자 했는데, 일본에서 워낙 반대가 심했어요."

● 민간 자문위원 B

━━

"이건 우리가 예비정보로 낼 것이 아니라 보란 듯이 정식 문서로 냈어야죠. 그런데 8페이지짜리 예비정보 내는 것도 소극적이었어요. 그런 면에서 정부에서 이걸 예비정보로 제출한 게 잘못됐다는 측면보다도, 그나마 예비정보라도 제출해서 다행이라고 생각해요. 그러니까 그 과정에서 얼마나 어려웠는지 짐작만 하시면 돼요.

지나치게 일본을 의식해서 일본의 논리에 순응하는 사람이 우리 정부 내에 있는 거예요. 이건 어차피 한·일 간 중간선으로 경계가 나뉘어질 거라는 거죠."

● 민간 자문위원 C

━━

민간 자문위원들 가운데 유일하게 실명을 밝히고 인터뷰에 응한 김영구 전 해양대 법학과 교수는 이렇게 말했습니다.

"PI(예비정보) 조차도 제출하지 않으려 했어요. 아주 마지막 순간까지 그랬어요. 외교부에선 우리나라와 일본 사이 거리가 400해리가 안 되기 때문에 우리나라는 문서를 낼 자격이 안 된다는 거예요. 일본 정부가 아니라 우리 외교부가 그렇게 주장하고 있으니 기가 차는 거죠. 그래도 민간 자문위원들이 이건 좋은 기회니까 이번에 정식 문서를 제출해야 한다고 의견을 냈는데, 외교부가 반문을 하는 거예요. 누가 책임지겠소?

만일에 CLCS(대륙붕한계위원회)가 우리의 자료를 받아보고 심사해서 리젝트(반려)시킨다면 그걸 누가 책임지겠소? 이렇게 물어보는 거예요. 그래서 결국 예비정보 문서라도 일단 내자 그래서, 예비정보를 낸 겁니다."

● 김영구, 전 해양대학교 법학과 교수

UN CLCS(대륙붕한계위원회)에는 21명의 심사위원이 있습니다. 그중 한국인 심사위원도 한 사람 있는데, 박용안 서울대 명예교수입니다. 박 교수는 한국이 예비정보로 제출한 것에 대해 UN 심사위원들 사이에 미묘한 분위기가 흘렀다고 말했습니다. 재정과 과학기술이 부족한 나라는 준비가 안 돼있을 테니 일단 약식으로 예비정보 문서를 제출하고 언제까지 정식 문서를 내겠다는 것을 명시하라고 배려해준 건데, 한국을 특정해서 말하지는 않았지만 심사위원들 사이에 개발도상국도 아닌데 어떤 나라는 예비정보로 제출했다며, 좀 이상한 것 아니냐는 얘기가 돌았다는 겁니다.

7광구에 대한 영유권 문제가 몇 년 뒤면 수면 위로 불거질 것을 잘 알면서, 적극적으로 국제사회에 우리의 입장을 호소해도 부족할 판에 기껏 만들어 놓은 정식 문서 제출까지 포기해버린 겁니다. 2009년 9월 KBS 〈시사기획 창〉에 이런 사연을 담은

KBS 〈시사기획 창〉의 'JDZ 한·일 석유전쟁'편, 2009년 9월 15일

'JDZ, 한·일 석유전쟁'이라는 타이틀의 50분 분량 다큐멘터리가 방영됐습니다.

국민적 공분이 일긴 했지만, 잠깐이었습니다. 그래도 언론에서 이 정도 다뤘으니 늦게라도 정식 문서를 제출할 것으로 기대했습니다. 마감 시한을 넘겨 모양새는 이미 구겨졌지만, 그래도 늦게라도 제출하면 우리의 입장을 국제사회에 일단 공표하는 셈이니까요. 혹시라도 제출하지 않으면 2028년 JDZ 조약이 종료됐을 때 우리가 정말 할 말이 없게 됩니다.

그러나 마감 시한이 2년 이상 지났는데도 정식 문서는 제출

〈시사기획 창〉의 '한중일 대륙붕 삼국지'편, 2011년 6월 15일

　　　　　　　　　　　　　　　　　分노가 세상을 바꾼다

되지 않았습니다. 더 이상 민간 자문회의도, 대륙붕에 대한 추가 조사도 진행되지 않았습니다. 2011년 6월 〈시사기획 창〉 '한·중·일 대륙붕 삼국지'라는 타이틀로 다시 한번 취재해 방송을 내보냈습니다.

외교부의 입장을 들어야 했지만 일절 취재에 응하지 않았습니다. 이런 경우 언론에서 도움을 청하는 곳이 국회입니다. 국회 외교통상위원회 의원실에 취재의 취지를 설명하고, 정책 토론회를 한번 열어달라고, 그리고 외교부 조약국 담당자를 토론자로 참석시켜달라고 요청했습니다. 당시 토론회에 어쩔 수 없이 참석한 외교부 담당자는 정식 문서를 언제 제출할 거냐는 질문에 이렇게 답변했습니다.

답변: 내야죠. 정식 문서 내려고 지금 검토하고 있습니다. 내지 않으려고 그러는 게 아니라….

질문: 그러면 올해 안에는 내는 겁니까?

답변: 올해 제출할지는 일정을 검토해봐야 합니다. 왜냐하면 문서가 방대하거든요. 그래서 올해까지 일단 검토를 끝내놓고 올해 아니면 내년에 내든지… 하여튼 낼 겁니다.

질문: 아니 2년 동안 검토 계속 안 하셨나요?

답변: 계속 검토했죠. 예예.

● 당시 외교통상부 국제법규 과장

두 번째 방송이 나간 뒤, 또다시 시청자들의 분노가 들끓었습니다. 그리고 외교부에서 연락이 왔습니다. 차 한잔 하자고 말이죠. 거의 같은 내용으로 두 번이나 방송해서 조지는(?) 무슨 이유가 있는 것인지 물어왔습니다. 정식 문서 제출할 때까지 같은 내용이라도 계속 추가 취재해서 방송할 계획이라 답했습니다. 결국 한국 정부는 2012년 12월 26일 정식 문서를 UN에 제출했습니다. 마감 시한을 3년 7개월이나 넘겨서 말이죠.

한국이 정식 문서를 제출하자마자 예상했던 대로 일본은 UN 대륙붕한계위원회에 한국이 문서를 제출한 것은 국제법적으로 문제가 있다며 이의를 제기했습니다. 통상적으로 이의제기가 있으면 심사 순위가 뒤로 밀리게 됩니다. 이에 따라 한국의 대륙붕 영유권 심사는 잠정적으로 보류된 상태입니다. 예상됐던 수순입니다. 그러나 국제사회에 한국의 대륙붕 영토가 어디까지인지를 뒤늦게나마 명확히 선언했다는 것이 중요합니다. 싸움의 선봉에 서 있는 외교부가 조용히 있지만 말고, 좀 더 적극

분노가 세상을 바꾼다

적으로 나서야 합니다. 최선을 다한 뒤 결과가 좋지 않게 나왔다면 그건 국민들이 용서해줄 수 있을 겁니다. 그러나 미리 안 된다고 결론을 내놓고 아예 싸워볼 생각도 하지 않는다면 국민들이 그걸 받아들일 수 있을까 싶습니다.

〈시사기획 창〉의 '제7광구 한·일 마지막 승부'편, 2020년 3월 21일

그리고 분명한 건 일본과 중국은 영토 문제에 있어서 절대 조용하지 않다는 점입니다. 지난 2020년 3월, 앞서 언급한 대로 한국이 JDZ에 대한 개발사업자를 지정하고 일본에 통첩했을 시기에 〈시사기획 창〉 '한·일 마지막 승부'라는 타이틀로 세 번째 다큐멘터리가 방영됐습니다. 당시 클로징 멘트를 그대로 옮겨 보겠습니다.

"저희 제작진이 이 주제에 대해 취재하는 내내 느낀 건, 어쩌면 대륙붕 7광구가 실질적인 면에선 독도보다 더 중요할 수도 있겠구나 하는 거였습니다. 그리고 7광구 존재 자체를 우리 국민들이, 좀 더 많은 국민들이 좀 알았으면 좋겠다고 생각했습니다.

7광구라는 게 있다는 사실 자체를 아는 사람도 그리 많지 않고, 또 별 관심도 없다면, 가뜩이나 승산도 그리 높지 않은 이 문제에 정부가 적극적으로 나서려 하겠습니까?

국민적 여론이 뒷받침돼야만, 그래야만 우리 정부가 하다못해 등 떠밀려서라도 더 적극적이고 효과적인 전략을 세울 수 있을 것입니다. 7광구 JDZ 조약이 종료되는 시점은 2028년 6월 22일입니다. 앞으로 정확히 8년 3개월 남았습니다."

● 2020년 3월 〈시사기획 창〉 '한·일 마지막 승부' 클로징 멘트

방송 이후 시간은 더 흘러 이제 6년이 채 남지 않았습니다. 그리고 조약이 종료되기 3년 전인 2025년 6월 22일 상대국에 조약을 종료시킬지의 여부를 통보하게 돼있습니다. 일본 정부는 2025년 6월 22일 조약 종료를 우리 정부에 통보해올 것이 거의 확실합니다. 그 전에 한·일 정상 간 의제로 격상시켜 이 문제를 공론화시켜야 합니다. 실제 남은 시간은 이제 기껏해야 2년 반 정도입니다. 시간은 절대 우리 편이 아닙니다.

서해 대륙붕
2광구

남해 대륙붕 7광구도 문제지만, 서해도 간단하지 않습니다. 특히 대륙붕 2광구 역시 석유 자원 매장 가능성이 있다고 예측되고 있습니다. 이곳은 상대가 중국입니다.

2022년 3월 우리나라 해양수산부 소속의 어업지도선 무궁화호가 서해를 순찰하다가 한·중 잠정조치 수역 내에서 이상한 형

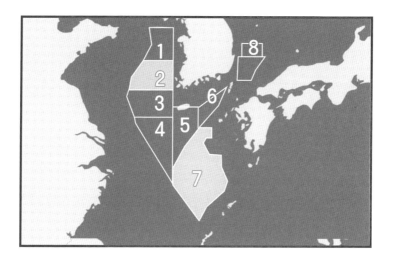

서해 2광구

태의 배를 발견했다고 해양수산부에 보고했습니다. 한·중 잠정 조치 수역이란 아직 한국과 중국 간 서해 경계가 확정되지 않았 기 때문에 경계가 확정될 때까지 중간 지점을 잠정적으로 공동 으로 이용하자는 수역입니다. 그래서 여기서 양국이 어업 활동 은 할 수 있지만, 상업적인 구조물을 설치하는 행위 등은 금지하 고 있습니다. 그런데 여기서 중국 배가 구조물을 설치하고 있는 걸 우연히 발견한 것입니다.

사진을 찍어서 보고한 결과 석유시추 시설이라는 결론이 내 려졌습니다. 해저면에 철제 기둥을 세 개를 박은 채 상부에는 이 동이 가능한 뾰쪽한 첨탑이 세워져 있는데, 영락없는 석유 시추 시설이더란 거죠. 자세히 들여다보니 세 개의 철 기둥에 고정된 모선 위로 드릴링 장비로 추정되는 첨탑이 달린 이동식 시추 선 박을 얹은 형태였습니다. 한·중 잠정조치 수역에서는 당연히 금 지된 구조물 설치입니다.

2022년 4월 5일 청와대 국가안전보장회의(NSC)가 열렸습니 다. 사안이 그만큼 중요하다고 판단한 거죠. 우리 외교부를 통해 중국 외교부에 확인을 요청했다고 합니다. 석유시추 시설 설치 한 건지 말이죠. 중국의 답변은 좀 뒤에 설명하기로 하고, 먼저 궁금한 것은 그 자리에 석유가 있느냐는 것 아닐까요? 결론적으로 2광구도 석유 자원 가능성이 큰 곳입니다. 우리나라와 중국 가운데 지점에 움푹 패인 대규모 해저분지가 있는데 여기를 우리는 '군산 분지', 중국은 '남황해 분지'라고 부르고 있습니다. 이 분지에 북쪽의 황허강과 남쪽의 양쯔강에서 내려온 퇴적물들이 수천만 년, 수억 년 동안 차곡차곡 쌓이면서 석유와 천연가스가 됐을 것이라는 분석입니다.

중국뿐 아니라 우리나라도 2광구에 매우 관심이 많았습니다. 실제로 2005년 석유공사에서 이 지역을 탐사한 결과 가능성이 매우 높다고 판단해서 시추에 들어가려 했습니다. 중국이 거세게 반대했습니다. 시추하려는 지점이 한·중 잠정조치수역 안에 있었거든요. 물고기만 잡으라 했는데, 왜 시추를 하려 하느냐며 항의해왔죠. 결국 시추는 포기했습니다. 당시 산업자원부가 석유공사에 보낸 공문을 보면 외교부와 협의해보니 이 지역에 대한 개발 행위는 중국과 외교 분쟁 우려가 있으니 타국과 분쟁 우려가 없는 동해 쪽에 탐사와 시추를 추진해보라는 내용이었습니다. 뭐 중국과 해양 경계가 정해지지 않은 상태여서 타당성 있다고 판단하며 철수했습니다. 그런데 3년 뒤 정반대 상황이 벌어졌습니다. 2008년 이번엔 중국이 한·중 잠정조치 수역에 시추공을 꽂았습니다. 이번(2022년)에 시추한 지점에서 50km 정도 떨어진 지점입니다.

아니 3년 전엔 우리가 시추하겠다고 했을 때 그 난리를 치면서 반대해놓고, 자기들은 우리 몰래 시추해버린 거잖아요? 이 사실을 확인한 석유공사가 산업자원부에 대응 시추를 추진했습니다. 당시 석유공사가 산업자원부에 보낸 공문 내용을 보면 절절함이 문구에 그대로 드러납니다.

연도별 한·중 시추 지점

분노가 세상을 바꾼다

중국 측은 탐사, 시추를 하는데 우리만 외교 마찰을 이유로 탐사와 시추를 자제한다는 것은 형평성에 어긋날 뿐만 아니라, 해양 경계 분쟁 지역 내에서의 탐사 활동이 중국 측에 크게 뒤쳐질 우려가 있습니다.

● 당시 석유공사가 산자부에 발송한 공문 내용

그러나 이때도 외교부의 반대로 대응 시추는 이뤄지지 못했습니다. 2008년 중국이 시추한 지점에서 석유가 발견됐는지의 여부에 대해 중국 정부가 공식적으로 발표한 적은 없습니다. 다만 당시 시추에 참여했던 중국과학원이라는 기관에서 중국 국토자원부에 제출한 연구보고서에 이런 내용이 기술돼 있습니다. '남황해 분지에서 계산된 석유, 가스 자원량은 약 20억 톤에 달한다. 이 정도면 중등 규모 이상의 유전이다. 고속도로 10km를 건설할 정도의 자금만 투자하면 중대한 성과를 거둘 수 있을 것이다'라고 말이죠. 당시 유가가 그리 높지 않았기 때문인지, 아니면 한국에서 대응 시추하겠다면서 반발해서 그랬는지 모르겠지만, 중국도 더 이상 개발을 진전시키지는 않았습니다.

그런데 이번에 14년이 지난 지금 다시 추가 시추를 시도하는 건 그냥 넘길 수 없는 사안입니다. 국익은 물론 외교적 자존심까지 걸린 문제입니다. 우리 외교부가 석유시추 시설인지 확인해 달라고 중국 외교부에 요청했다고 했잖아요? 먼저 중국 외교부 정례 브리핑에서 한국 기자가 이 사안에 대해 물었습니다. "한국에선 NSC 회의까지 열릴 정도로 중대한 사안으로 보고 있는데, 석유 시추시설이 맞는가?"라고 말이죠. 중국 외교부 쟈오리젠 대변인은 "상황을 파악하지 못하고 있다"라고 애매한 답변을 내놓았습니다. 그리고 이후 한국 외교부 입장도 나왔습니다. 중국 외교부에서 해명이 왔는데, 석유시추 시설이 아니라 양식장 어민들이 휴식을 취할 시설물이라고 답해 왔다는 것입니다.

뭐 우리 외교부도 그 말을 곧이곧대로 믿지는 않을 겁니다. 양식장 어민들이 쉴 곳을 해안가, 양식장 근처도 아니고 먼바다 한가운데 설치하는 것도 말이 안 되죠. 철제 고정 구조물을 세 개나 박아 세웠는데, 이 정도 시설을 건설하는데 돈이 한두 푼 드는 것도 아니고 말입니다. 또 실제로 양식 어민들의 쉼터라고 해도 잠정수역엔 구조물 설치가 금지돼 있습니다. 어업용이라 상관없지 않냐고 주장한다면, 앞으로 우리가 한·중 잠정수역에 뭔가 구조물을 설치하면서 똑같은 이유를 드는 것에 대해 중국이 뭐라 하면 안 됩니다. 모쪼록 우리 외교부가 당당하게 대응했으면 하는 바람입니다.

7광구도 마찬가지지만, 국민에게 알릴 건 좀 알렸으면 좋겠습니다. 감춘다고 감춰지는 것도 아니고, 감추다가 들키면 괜히 망신만 당합니다. 외교 역량을 발휘할 동력도 잃어버리는 거잖아요. 우리나라는 이미 예전의 힘없고 강대국들 앞에서 찍소리 못하던 그때의 대한민국이 아닙니다. 반도체와 배터리 등 첨단 산업을 주도하며, 미국과 중국이 서로 자기 편으로 만들려고 끌어당기는 작지만 강한 나라가 됐다는 사실을 정부는 명심해야 합니다.

03

투전판이 되어버린 재건축·재개발

'헌 집 줄 테니 새 집을 다오.' 땅이 부족한 도심에서 주택공급을 늘릴 수 있는 한 가지 방법이 헌 집 한 채를 허물고 새 집 두 채를 짓는 재개발·재건축입니다. 그런데 내가 살 새 집을 내 돈 들여 지으려 하지 않습니다. 남의 돈으로, 공짜로 새 집을 지으려는 데서 재개발·재건축의 문제점은 출발합니다.

종부세 삭감과 민생안정

KBS 〈홍사훈의 경제쇼〉 2022년 7월 22일 오프닝

부동산은 버티면 이긴다는 말이 역시 맞았습니다. 2022년 4월, 다주택자에 대한 양도세 중과세를 1년간 유예시켜준다는 정책이 시행됐죠. 내년 5월까진 양도세 중과세하지 않을 테니 그 안에 살 집만 남겨두고 다른 집은 다 팔아라, 팔지 않으면 종부세 엄청 나와서 큰 부담이 될 것이니 기회를 준다는 취지였습니다.

어제(7월 21일) 기획재정부가 세제 개편안을 내놓으면

서 다주택자들에 대한 종부세를 대폭 깎아주겠다고 발표했습니다. 예를 들어 서울 강남에 합해서 시가 93억 원 정도 되는 아파트 3채를 갖고 있는 사람의 경우 종부세를 1년에 약 3억 2,000만 원 내야 했지만 이제 1억 4,000만 원 정도로 절반 이상 내려갑니다. 집을 몇 채씩 갖고 있어도 세금 부담이 별로 없다면 왜 팔겠습니까?

오히려 집을 더 사야겠다는 생각이 들 것 같습니다. 특히 어제 기재부 발표 자료에서 종부세 삭감안은 민생안정 항목에 포함돼 있었습니다. 고물가에 고통받는 진짜 민생들이 수두룩한데 주변에서 잘 찾아보기도 힘든 수십억 원, 수백억 원을 호가하는 집을 여러 채 갖고 있는 집부자들 세금 깎아주는 게 민생안정과 도대체 무슨 연관이 있다는 건지 누가 설명을 좀 해줬으면 합니다.

재개발과 재건축,
분양가는 어떻게 올라가나?

'헌 집 줄 테니 새 집을 다오.' 땅이 부족한 도심에서 주택 공급을 늘릴 수 있는 한 가지 방법이 헌 집 한 채를 허물고 새 집 두 채를 짓는 재개발·재건축입니다. 그런데 내가 살 새 집을 내 돈 들여 지으려 하지 않습니다. 남의 돈으로, 공짜로 새 집을 지으려는 데서 재개발·재건축의 문제점은 출발합니다.

재개발이나 재건축이나 기본 진행 과정은 먼저 기존 낡은 주택 소유자들이 조합을 결성합니다. 그리고 새 아파트를 지을 시공사를 선정하죠. 시공사 선정 입찰에 응한 건설사들은 간이라도 빼줄 것처럼 이것도 공짜, 저것도 공짜로 해주겠다며, 건설사마다 임시로 고용한 OS(Outsourcing)라는 일종의 홍보요원들을 풀어 밥솥부터 골프채까지 화끈하게 선물 보따리를 풉니다. 서울 서초구의 한 재건축 단지는 수주 경쟁에서 건설사들끼리 난타전이 벌어졌는데 한 건설사가 조합원들 이주할 때 포장이사 비용으로 가구당 7,000만 원을 주겠다고 제안했습니다. 포장이사 비용으로 700만 원도 아니고 7,000만 원을 주겠다니 당연히 그 건설사가 선정됐습니다. 당시 인근 벤츠 자동차 대리점이 바글바글했다고 합니다. 벤츠 E클래스 가격이 딱 7,000만 원 정도라고 하더라고요. 궁금해집니다. 그 건설사는 땅 파서 장사하는 것도 아닐텐데, 한 가구당 이사비로 7,000만 원씩 주고 남는 게 있을까요?

그리고 공사비도 남는 게 하나도 없을 것처럼 보이는 최저 가격을 써냅니다. 시공사를 선정하기 전까지는 조합이 '절대 갑'입니다. 그러나 조합원들 투표로 시공사가 선정되고 나면, 이때부터 갑과 을이 바뀌기 시작하는데, 조합원들이 가장 먼저 맞닥뜨

재건축 단지 이사비용 7,000만 원 팸플릿

리는 현실이 설계변경입니다. 원래 재개발·재건축 허가를 받으려면 관청에 단지 설계도면을 제출해야 합니다. 이건 조합이 해야 합니다. 조합이야 건설에 대해 사실 아무것도 모르기 때문에 설계사무소에 맡겨 기본 설계도면을 받아옵니다. 이걸 관청에 제출해서 일단 허가를 얻고, 이 설계를 바탕으로 입찰 예정가를 산정한 뒤 건설사들에 입찰을 붙이는 것이거든요,

예를 들어 기본 도면으로 설계해봤더니 공사비가 2,000억 원 정도 들겠더라, 그러니 건설사들 나름대로 공사비를 절감하는 기술적 노하우가 있을 테니 당신들은 얼마에 공사할 수 있을지 써내봐라, 하는 것입니다. 그래서 공사비를 낮게 써내고, 이것 저것 보너스와 공짜로 많이 해주겠다는 건설사가 투표로 선정되는 것이죠. 그런데 조합이 제시한 기본 설계는 말 그대로 그냥 기본에 불과한 깡통 설계입니다. 각양각색의 새 아파트들 조감도와는 거리가 먼 그저 인허가를 받기 위한 기본 설계기 때문에 조합원들이 이런 아파트를 원하진 않죠. 그래서 건설사들이 입찰에 응할 때 '대안 설계'라는 걸 같이 제출합니다. 기본 설계를 바탕으로 더 근사한 명품 아파트로 짓겠다는 건설사들의 자체 설계도면인 거죠.

분노가 세상을 바꾼다

당연히 조합원들은 대안 설계를 원합니다. 공사비가 껑충 뜁니다. 2,000억 원에 해주겠다던 공사가 3,000억 원으로 올라가지만, 이때는 이미 시공사를 선정한 뒤죠. 이때부터는 시공사에 끌려다닐 수밖에 없습니다. 공사 기간이 얼마나 단축되느냐가 바로 조합원들의 수익과 직결되기에 시공사 하자는 대로 할 수밖에 없습니다. 공사비 올라가는 것을 '울며 겨자 먹기'로 받아들입니다. 공사비가 왜 1,000억 원이나 불어났는지 근거도 알 수 없습니다. 조합은 시멘트 한 포 값이 얼마고, 철근공사 인건비가 하루 얼마인지 아무것도 모르거든요. 그냥 시공사가 너무 나쁜 놈만 아니길 빌면서 믿고 따라가는 수밖에 없습니다.

그런데 설계변경은 한 번에 끝나지 않습니다. 서울 동작구의 한 재개발 단지에서 실제 벌어진 사례를 한번 보겠습니다. 시공사로 선정된 건설사가 공사가 시작되기 직전 설계변경을 요구해 왔습니다. 아파트 전체 건물의 연면적을 늘리자는 거였습니다. 연면적이 늘어나면 평수가 늘어나는 건가? 그럼 뭐 공사비 조금 더 들더라도 조합원들이 받아들일 수 있겠다 싶었는데, 늘리자는 부분을 자세히 들여다보니 모두 지하 주차장이었습니다. 요즘 한 집에 차가 두세 대 있는 경우도 있으니, 조합원 입장에서 지하 주차장 면적을 늘릴 필요도 있었을 겁니다. 문제는 공사비였습니다. 당초 2,700억 원 정도였던 공사비가 1,300억 원이 더 늘어나 4,000억 원이 청구됐습니다.

지하 주차장 면적이 늘어나는 건 사실이지만 공사비가 이렇게 올라가나? 일부 조합원들이 의심하기 시작했고, 알아보니 늘어난 면적의 공사비를 지상 아파트 건물 본체 공사비 기준으로 계산한 거였습니다. 지상 아파트 건물이야 공사비가 많이 들죠. 일단 타워크레인을 설치해야 하고, 거실과 방에 벽체를 세워야 하고, 창호를 달고, 마루도 깔고, 등과 싱크대를 설치하고, 하다 못해 화장실 변기까지 돈 들어갈 곳이 많아 공사비가 많이 들지만 지하 주차장은 땅 파서 기둥 세우고, 페인트 칠하고, 형광등 달면 끝나는 거거든요. 돈 들어갈 게 별로 없습니다.

실제로 공공주택을 지을 때 표준으로 삼는 국토부 표준건축비 규정에도 지하 주차장 공사비는 지상 건물의 절반 수준으로 책정돼 있습니다. 공공주택인 경우나 절반 수준이지, 민간 분양 아파트의 경우 고급 내장 마감재가 들어가기 때문에 실제 지하 주차장과 지상 본체 건물과의 건축비는 세 배 수준까지 벌어진 다고 합니다. 여기뿐만 아니라 거의 모든 재개발·재건축 단지들에서 시공사가 선정되고 나면 이 같은 설계변경 요구가 나오는데, 단골 명분이 지하 주차장 확장입니다. 재개발·재건축 전문으로 하는 한 도시정비업체 대표의 인터뷰 내용입니다.

"시공사들 대부분이 지하층 연면적을 가지고 장난을 제일 많이 칩니다. 지하 면적, 지상 면적 구분하지 않고 똑같이 합쳐서 연면적 곱하기 평당 공사비로 계약을 하기 때문에 지하 연면적을 늘리면 늘릴수록 시공사에는 엄청나게 이득이 생기거든요. 그래서 건설사들 수주팀에선 자기들끼리 그래요, 입찰 가격은 손해보고 들어가도 된다. 진짜 마진은 설계변경 하면서 뽑는 거다, 라고 말이죠."

● 도시정비업체 대표

물론 조합이 하지 않겠다고 하면 그만입니다. 그러나 시공사가 선정되고 난 이후부터는 갑, 을 관계가 완전히 바뀌거든요. 공사가 하루라도 길어지면 조합원들의 수익이 그만큼 줄어드는 것이기 때문에 이런 사정을 잘 아는 시공사는 이런저런 이유를 들어 설계변경을 요구하며 공사를 미룹니다. 특히 철거와 이주까지 끝난 상태라면 조합이 브레이크를 거는 건 사실상 불가능합니다. 또 사업 결정권을 갖고 있지만, 건설에 대해 잘 모르는 조합 임원들을 구워삶는 일도 종종 발생합니다.

앞에서 예를 든 동작구 재개발 단지의 경우도 당시 조합장은 동네에서 인테리어 가게를 오래했던 사람으로 지하 주차장과 지상 아파트 공사비가 얼마나 차이 나는지 모를 수밖에 없습니다. 그러나 일부 조합원들이 추가 공사비가 너무 많다며 문제를 제기했고, 설계변경을 통과시키기 위한 조합원 전체 투표가 진행되기 전 시공사는 전체 조합원들을 대상으로 설명회를 마련했습니다. 시공사는 조합원들의 불만을 누그러뜨리는 방법을 잘 알고 있었습니다. 당시 시공사 현장 소장이 실제로 한 말입니다.

"조합원 여러분들은 재개발하면서 '좋은 아파트'를 생각하시지만 결국은 돈이잖아요. 아무리 시끄러운 사업장에서도 일반 분양가가 올라가면 조용해집니다. 저희를 믿고 따라주세요. 동작구 최고 시세, 강남 빼고는 여기 제일 비싸게 만들어드리겠습니다."

● OO건설 현장 소장

조합원 설명회는 이 한마디에 박수치면서 해산됐습니다. 그리고 그 뒤 일반 분양가는 실제로 조합원들이 만족(?)할 만한 가격으로 결정됐습니다. 누이 좋고 매부도 좋게 된 거죠. 원칙적으로 재개발·재건축 사업에서 시행과 분양은 조합이 하고, 시공사는 건설만 하게 됩니다. 그러나 조합이 건설이나 분양에 문외한이다 보니 실제론 시공사가 분양에 관여합니다. 특히 우리나라는 아파트가 특정 상품처럼 래미안이니 푸르지오같이 브랜드화돼 있잖아요? 대기업 건설사가 아파트 브랜드를 이용한 마케팅으로 분양가를 올리는 노하우(?)를 갖고 있기 때문에 조합은 시공사에 분양을 믿고 맡깁니다.

"원칙적으로 시공을 맡은 건설사가 직접 분양을 하는 건 아니지만, 실질적으로 조합이 아마추어다 보니 사실 분양 과정에서 필요한 작업과 결정은 시공사가 거의 다 해요. 재개발·재건축 사업을 하면서 얻게 되는 시공 이익이 다른 건설 공사, 특히 관급 공사의 시공 이익보다 훨씬 크다는 걸 건설사들이 잘 알기 때문에 재개발·재건축 사업 수주에 경쟁적으로 뛰어드는 거죠."

● 임재만, 세종대 부동산학과 교수

"시공사에 추가 공사비 좀 올려주는 것을 아깝게 생각하지 마라, 그만큼 돌아온다"는 것이 한국 재개발·재건축 시장에 박혀 있는 뿌리 깊은 믿음입니다. 민간 시공사와 민간 조합이 서로 이해가 맞아떨어지다 보니 불로소득이 넘쳐나게 되고, 그 불로소득은 모두 민간 시공사와 민간 조합이 나눠 갖습니다. 물론 민간 건설사가 이윤을 추구하는 것, 또 민간 조합원들이 재개발·재건축해서 이득을 보고 싶어 하는 걸 뭐라 할 수는 없을 겁니다. 그러나 일부가 득을 보는데 비해서 사회 전체가 떠안아야 하는 손실이 너무나 큽니다. 재개발·재건축으로 주택의 절대량이 늘어나는데도 재개발·재건축은 오히려 그 동네 집값 폭등의 신호탄 역할을 해왔습니다.

"주변 시세보다 20% 정도 비싸게 일반 분양분들을 설정하고, 그만큼 조합원들 부담을 낮춰주는 것이죠. 그러다 보니까 항상 주변 아파트 시세들을 같이 끌어올리는 그런 부작용들이 있었고, 또 하나가 끝나고 다시 또 옆에서 새로운 재건축이 시작돼서 일반 분양분을 주변보다 한 20% 높게 책정하면 또 집값이 올라가게 되고… 그러다 보니까 특히 이제 재건축이 많았던 강남 지역 같은 데는 집값을 끌어올리는 진앙지 같은 역할을 했던 것입니다."

분노가 세상을 바꾼다

● 김남근, 변호사·참여연대 자문위원장

공사비 증액은 조합의 동의가 있어야 하기에 조합 임원과 시공사의 결탁은 사실 어제오늘의 얘기가 아닙니다. '재개발·재건축 조합장 한 번 하면 자식들까지 대대로 놀고먹을 수 있는 큰돈을 벌 수 있지만, 까딱하면 들어갈 각오해야 한다. 교도소 담장을 걸어가는 것과 마찬가지'라는 말도 그래서 생겨난 겁니다.

서울 강남의 한 재건축 단지를 취재했을 때 벌어졌던 어처구니없는 사례 하나만 더 소개할까 합니다. 당시 재건축 조합장이 조합 사무실 여직원을 성추행하는 사건이 벌어졌습니다. 피해 여성은 경찰에 고소했고 경찰도 기소 의견으로 사건을 검찰로 넘겼습니다. 그러나 양측이 합의를 하면서 재판까지 가진 않았는데, 문제는 합의금이었습니다. 상식선을 뛰어넘는 거액의 합의금을 받고 피해 여성이 고소를 취하했던 것이죠. 어처구니없게도 당시 합의금을 조합장이 개인 돈으로 낸 게 아니었습니다. 시공사가 대신 내줬더라고요. 건설사는 땅 파서 장사하는 게 맞는 것 같습니다. 조합장과 시공사와의 관계는 악어와 악어새 관계라 할 수 있습니다. 물론 다 그렇다고 말할 순 없겠지만 말이죠.

제보를 통해 취재가 시작됐습니다. 조합장은 이미 피해자와 합의하고 끝난 사건이라며 다시 그때 일을 떠올리고 싶지 않다며 피했습니다. 합의금을 받은 이후 조합 사무실을 그만둔 피해 여성은 합의금을 조합장에게서 받았든, 시공업체에서 받았든 그건 개인적인 일인데 언론에서 왜 그런 것까지 취재하냐며 따져 물었습니다. 사건은 방송 뉴스로 보도됐습니다.

조합원들도 이 사실을 알게 됐습니다. 그런데 아무 문제 없이 조용히 넘어갔습니다. 재개발·재건축 조합의 임원은 공무원에 준하는 법적 지위를 갖게 되기에 돈을 받았으면 뇌물죄가 성립되지만, 조합원들은 뇌물을 받은 조합장에게 아무런 문제 제기를 하지 않았습니다. 시공사가 아무리 땅 파서 장사한다 해도 합의금을 공짜로 내준 것도 아닐 테고, 그 비용이 결국 공사비에 녹아 들어갈 것이란 사실도 잘 알고 있었습니다. 하지만 시공사와 괜히 문제를 일으키거나 조합 집행부에 문제가 생겨 바뀌거나 하면 전체 공사 일정이 늦춰지고, 일반 분양가에도 영향을 줄수 있다는 사실을 조합원들이 너무나 잘 알고 있었기 때문에 조용히 넘어갔습니다. 일반 분양가가 모든 것을 해결해줄 것이란 믿음(?)이 사건을 더 이상 키우지 않았습니다.

분노가 세상을 바꾼다

당시 한 조합원은 문제라고 생각하지 않느냐는 질문에 이렇게 답했습니다. "어차피 누가 해 먹더라도 해 먹는다. 정도의 차이만 있을 뿐 아닌가. 어차피 여기 조합원 모두 목적은 한 가지다. 시공사가 약속한 일반 분양가에 공사가 빨리 끝날 수 있게만 해주면 된다." 결국 그 재건축 아파트는 강남의 새로운 랜드마크 단지가 됐습니다. 물론 조합장도 아무 문제 없이 임기를 마쳤습니다.

투전판이 돼버린 재개발·재건축 시장을 민간에 전적으로 맡겨두면 안 되는 이유입니다. 그래서 나온 것이 공공이 주도하는 재개발·재건축 방식이었습니다. 이 얘기는 다음 장에서 다루겠습니다.

공공주도 VS 민간주도

지난 문재인 정부의 부동산 정책은 한마디로 실패였습니다. 코로나로 침체된 경기를 부양시키기 위해 돈을 많이 풀어 부동산 투기에 유동성이 공급됐기 때문이란 변명(?)도 있겠지만, 코로나 이전부터 어설프고 실천할 용기마저 부족한 부동산 정책들을 내놓으면서 시장에 자신감만 불어넣어 줬습니다. 개인적으로 문재인 정부 부동산 정책이 실패로 가게 된 첫걸음은 2018년 6월에 발표된 세제 개편안이라고 생각합니다. 문재인 정부가 들어서면서 대통령 직속의 재정개혁 특별위원회가 설치됐고, 여기서 이전 이명박, 박근혜 정부 당시 형해화(形骸化)됐던 종부세 등 부동산 보유세가 매우 강화될 것이란 예상이었습니다. 호랑이 수준의 보유세가 올 것이 분명하니 그 전에 빨리 집을 팔자 해서, 당시 일시적으로 집값이 뚝뚝 떨어지기도 했고요.

'태산명동서일필(泰山鳴動鼠一匹)'이란 말이 있죠? 태산이 울릴 만큼 요란했지만 결국 나온 건 쥐새끼 한 마리였다는 말입니다. 요란했던 재정개혁특위가 막상 내놓은 세제 개편안을 보니 이건 뭐 호랑이는커녕 생쥐 꼬랑지 수준의 종부세 인상안이 나온 겁니다. 이 정책은 시장에 확실한 시그널을 줬습니다. 아하! 새 정부가 집값을 잡을 생각이 없구나 하고 말이죠. 그 이후 집값이 오르기 시작하면서 스무 차례 넘는 부동산 대책이 발표됐지만, 백약이 무효였습니다.

그럼 왜 당시 대통령 직속의 재정개혁특위는 민심을 거스른 (?) 쥐꼬리 수준의 종부세 인상안을 들고 나왔을까요? 저는 용기가 없었기 때문이라고 생각합니다. 좋은 정책을 만드는 것도 중요하지만 더 중요한 건 그 정책을 반대하는 세력들을 물리치고 밀어붙일 수 있는 용기거든요. 문재인 정부의 부동산 정책은 실력도 없었고, 밀어붙일 용기도 없었습니다. 그러다 보니 시장에 내성만 잔뜩 키워줬습니다.

26번의 부동산 관련 대책 가운데 가장 기대했지만 결국 안타깝게 끝난 건 공공주도 방식의 재개발·재건축입니다. 앞서 보셨듯이 민간이 주도하는 재개발·재건축은 투전판이 되고 불로소득이 넘쳐날 수밖에 없습니다. 민간은 돈이 안 되면 절대 들어가지 않거든요. 그게 자본의 생리니까 그걸 욕할 것도 없습니다. 공공주도 재개발·재건축의 기본 개념은 시행을 맡을 민간 주택조합이 건설에 대해 잘 모르다 보니 시공사에 끌려다니고, 그로 인해 공사비가 올라가면서 분양가도 따라 올라가니 시행을 조합 대신 건설에 대해 누구보다 잘 아는 공공기관에 맡기자는 겁니다.

공공기관이란 한국토지주택공사(LH)나 각 지자체가 두고 있는 주택개발공사들이죠, 서울도시주택공사(SH)나 경기주택도시공사(GH), 부산도시공사(BMC) 등이 있습니다. 이들 공공 기관들은 아파트 시행 사업을 누구보다 많이 해 본 전문가들이라서 시멘트 한포 값이 얼마인지, 철근공 하루 인건비가 얼마인지 잘 알기 때문에 시공사들한테 바가지 쓸 일이 없다는 거죠. 복잡한 인허가 절차도 공공기관이 시행을 맡으면 빨리 통과될 수 있다는 장점도 있습니다. 무엇보다 가장 큰 인센티브는 용적률을 500%까지 높여주겠다는 내용이었습니다.

보통 재개발·재건축이 250에서 300% 용적률을 허용해주는데 반해 공공주도 방식을 채택하면 500%까지 두 배 가량 높여주겠다는 것으로, 이 정도로 용적률을 높여주면 일반 분양 물량이 크게 늘어나 사업성이 좋아집니다. 대신 크게 늘어난 일반 분양 물량을 조합이 다 가져가면 조합의 불로소득이 너무 커지니까, 절반만 조합이 가져가고 나머지 절반은 기부채납 받아 공공 임대 주택으로 활용하겠다는 방식입니다. 그렇다 해도 일반 분양 물량이 훨씬 늘어나 사업성은 훨씬 좋아집니다.

또 한 가지, 공공이 개입하므로 그동안 민간이 해왔듯이 분양가를 터무니없이 높게 책정할 수는 없겠죠. 그렇다고 기존 조

분노가 세상을 바꾼다

합원들이 손해를 보라는 건 아닙니다. 적당한 수준의 이득만 챙기라는 거죠. 당시 가장 큰 오해를 불러왔던 게 "아니 그럼 우리 재개발·재건축 아파트에 래미안, 푸르지오 브랜드 대신 LH, SH 마크를 붙이라는 거야?"였습니다. 당연히 아니죠. 공공기관은 조합을 대신한 시행사일 뿐입니다. 시공사를 선정해 그 건설사의 아파트 브랜드를 붙이면 되는 겁니다. 시공사는 괜히 이런저런 설계변경으로 조합원들한테 바가지 씌워 공사비 올리거나 분양에 관여할 생각하지 말고, 아파트를 튼튼하게 잘 지어서 애초에 계약한 적정이윤을 받고 나가면 되는 겁니다. 그게 원래 건설사들이 하는 일이잖아요?

그럼 공공주도 방식으로 가면 실제로 이런 긍정적인 효과가 나올 수 있을 것이냐, 실제 사례를 하나 들어볼게요. 서울 강동구 천호동에 예전 재래시장과 40여 년 된 집창촌(성매매 집결지)이 있던 부지에 아파트와 오피스텔 1,300여 채가 들어서는 재개발이 진행 중입니다(2023년 완공 예정). 2016년 시작된 이곳 재개발이 '공공참여' 방식입니다. 공공주도가 아니고, 공공참여 라고 한 이유는 시행과 분양을 조합 대신 공공기관이 맡는 완전한 공공주도 방식 재개발이 아니라 조합이 결성된 상태에서 SH가 시행 파트너로 같이 참여했기 때문입니다.

재개발이든 재건축이든 사업이 본격적으로 추진되기 시작하면 초기에 적지 않은 사업자금이 필요한데 시공사로 선정된 건설사가 이 돈을 빌려줍니다. 아니면 건설사 보증으로 은행 대출을 받습니다. 조합이 시공사에 끌려다닐 수밖에 없는 또 다른 이유가 사업비용을 건설사에 전적으로 의존할 수밖에 없기 때문입니다. 천호동 재개발의 경우 초기 사업자금 150억 원을 SH가 빌려줬습니다. 또 시멘트 한 포대 값이 얼마인지, 철근 값이 얼마인지 빠삭한 SH가 조합 옆에 있다 보니 시공사한테 설계변경으로 공사비 바가지 쓸 염려는 하지 않아도 됐습니다.

그런데 생각지 못한 문제가 발생했습니다. 재개발 조합이 SH를 통해 기본 설계를 끝내고 시공사를 선정하기 위해 건설사들 대상으로 입찰을 붙였는데, 이른바 메이저 건설사들이 단 한 곳도 입찰에 들어오질 않은 겁니다. 강남 4구 중 하나인 강동구인데다 천호역이 바로 코앞에 있는 입지가 매우 좋은 대단위 재개발 지역인데, 왜 메이저 건설사들이 입찰에 들어오지 않은걸까요? 건설사들 입장에선 앞으로 자기들만큼 전문가인 공공기관이 이런 식으로 민간 재개발·재건축 시장에 시행사업자로 들어오면 회사 문 닫아야 할지 모른다는 위기감이 들었을 겁니다. 건설사들끼리 의기투합(?)해서 '천호 재개발은 우리 다 같이 들어가지 말자, 저거 하나 포기하는 게 낫지, 저기 잘 되면 앞으로 우리 손가락 빨게 된다…' 뭐 이런 담합이 있었을지도 모르겠습니다. 당시 재개발 조합장에게 물어봤습니다. 건설사들 유혹은 없었냐고 말이죠.

"왜 유혹이 없었겠어요? 건설사들 안 온 데가 없었어요. 도급 순위 1위 건설사부터 시작해서 20위권까지 다 찾아왔었어요. 임원급들이 찾아와서 하는 얘기들 전부가 우리가 모두 알아서 다 해줄 테니 분양 같은 거 걱정하지 않아도 된다. 대신 옆에 붙어있는 SH 정리하고 손 끊어라, 그러면 깔끔하게 해줄게. 조합 임원들도 섭섭하지 않을 거다, 이 말이었어요."

● 김종광 천호동 재개발 조합장

조합원들 반발도 물론 많았습니다. 아파트에 대형 건설사 브랜드가 붙어야 분양가가 올라간 덕분에 조합원들 이익이 많아지니 지금이라도 SH와 손 끊자는 목소리가 나오는 건 당연했죠. 그러나 공공기관 도움을 받으면 바가지를 쓰지 않아 결과적으로 조합원들 이득이라는 조합장 설득에 조합원들이 동의했습니다.

결국 당시만 해도 2군 건설업체인 중흥건설이 시공사로 선정됐고 공사가 시작됐습니다.

당시 중흥건설 수주 담당 임원은 인터뷰에서 "이미 전체 설계와 공사비 내역을 SH가 산출해 놓은 상태에서 계약서에 보장된 이윤만 받고 공사에 들어갔기 때문에 다른 사업장에 비하면 이윤이 비교할 수 없을 만큼 낮았다. 그렇지만 손해를 본 건 아니고, 또 서울 대단지 재개발 사업에 진입한다는 실적이 더 중요했는데, 어찌 보면 메이저 건설사들이 입찰을 거부하는 바람에 운이 좋았다"라고 답했습니다.

자, 그럼 가장 중요한 일반 분양가는 어떻게 책정됐을까요? 공공기관이 파트너로 참여했는데 민간 조합과 건설사가 분양하는 것과 마찬가지로 비싸다면 의미가 없는 것 아니겠습니까? 천호동 재개발은 공공이 전적으로 주도한 게 아니라 공공이 같이 참여하는 방식이었기에 분양가는 재개발 조합이 결정하지만, SH도 분양가 산정에 같이 참여했습니다. 인근 신축 아파트 단지에 비해 3.3㎡, 그러니까 한 평당 500만 원 정도 낮은 가격에 분양가가 책정됐습니다.

분노가 세상을 바꾼다

2020년 8.4 부동산 대책으로 나온 공공주도 재개발·재건축 정책은 그해 말 변창흠 국토부 장관이 임명되면서 본격적으로 진행됐습니다. 변 장관은 천호동 공공참여 재개발이 시작될 당시 SH의 사장이었습니다. 변 장관은 대학 교단에 있을 때부터 '공공 시행 제도'의 신봉자였습니다. 수천 억에서 수조 원에 달하는 막대한 사업비가 왔다갔다 하는 재개발·재건축 사업을 온전히 민간에 맡겨두는 나라는 대한민국이 거의 유일하다. 재개발·재건축 사업이 공공사업의 성격을 갖고 있어 매우 큰 특혜를 부여하는 만큼 공공이 개입해야 한다는 주장이었습니다. 민간 재개발·재건축이 무슨 공공사업 성격이 있다는 건지, 그래서 어떤 특혜를 부여받는다는 건지는 뒤에 자세히 다루겠습니다.

변창흠 장관이 공공주도 정책을 발표한 뒤 사업지 신청을 받았습니다. 당시 재개발 추진 지역 가운데는 공공주도 방식을 신청한 곳이 꽤 됐습니다. 재개발의 경우 10년, 20년이 지나도 지지부진한 지역이 많았기에 공공이 주도하면 빨리빨리 추진해줄 것이란 기대가 컸을 겁니다. 또 용적률 등 인센티브도 파격적으로 제시했으니 수익성 면에서도 손해볼 거 없다고 판단한 거죠. 그러나 재건축 예정 단지는 신청이 거의 없었습니다. '기존의 민간주도로 가면 100만큼 이익을 볼 텐데, 공공주도는 이득이 50

으로 줄어들 수도 있다. 그러니 이왕 기다린 거 좀 더 기다리자. 정권 바뀌면 정책이 또 어떻게 바뀔지 모른다'였습니다.

아니, 정부가 인센티브까지 파격적으로 준다고 제안했다는데 왜 이득이 줄어들 수 있다는 걸까요? 물론 손해가 나는 건 아니지만 공공주도로 가면 민간이 주도할 때보다 이득의 양이 좀 줄어들 가능성도 있습니다. 공공주도 방식은 기존 낡은 주택 소유주들이 시행과 분양을 전적으로 공공기관에 맡기는 겁니다. 때문에 재개발이나 재건축 조합이 결성될 필요도 없는 거죠. 공공기관이 인허가 절차를 일사천리로 진행시키고 용적률 등 인센티브도 준다는 큰 장점이 있지만, 분양을 거의 전적으로 맡겨야 하는 것이므로 과거 민간끼리 했던 것처럼 터무니없는 분양가는 생각할 수 없거든요. 정부가 분양가를 낮추겠다는 말을 직접 하지는 않았지만, 조합 입장에선 공공주도로 가면 정부가 분명히 분양가에 손댈 것이라는 의심이 가득했습니다.

민간 건설사들도 공공주도가 당연히 달갑지 않았을 겁니다. 아니 어느 누가 밥그릇 뺏어간다는데 달가워하겠습니까? 절반의 공공개발 방식이었던 천호동 재개발에 메이저 건설사들이 외면해버린 것만 봐도 충분히 이해 가실 겁니다. 그러다 결정적으로 LH 내부 직원들의 신도시 예정지구 땅 투기 사건이 터졌습니다. LH 직원들이 광명과 시흥 지역에 신도시가 들어선다는 계획을 미리 알고, 땅 투기를 한 사건 말이죠. 변 장관이 취임한 지 석 달 만에 이 사건이 터지자 "거 봐라, 공공이라고 깨끗하냐? 공공이 더 도둑놈들이야"라는 의구심이 터져나오기 시작했습니다. 물론 민간 건설사들과 언론의 펌프질도 의구심을 키우는데 큰 몫을 담당했습니다.

변 장관은 결국 이 사건에 책임을 지고 장관직에서 물러났습니다. 왜냐면 변 장관이 LH 사장도 했었는데, LH 직원들이 땅 투기를 한 시점이 변 장관이 사장으로 있던 바로 그 시기였거든요. 서울과 부산 시장 등 보궐선거를 코앞에 두고 있는 상태에서 민심이 폭발했기에 당시 책임자였던 변 장관이 책임을 지고 물러났습니다. 그리고 공공주도 재개발·재건축 정책도 같이 사그러들었습니다.

말이 나온 김에 LH 같은 공공기관들이 신도시에서 벌이는 지금의 주택공급사업 방식은 매우 문제가 많습니다. 그렇기에 내부 직원들의 투기가 발생할 수밖에 없는 구조적인 문제점을 안고 있습니다. 썩은 고기가 잔뜩 냄새를 풍기고 있는데, 하이에

나들이 꼬여들지 않을 수가 없는 구조거든요. 무슨 얘긴지 다음 장에서 풀어보겠습니다.

썩은 고기를 없애야만 하이에나들도 사라진다

2005년 판교 신도시 개발이 결정됐습니다. 개발 과정을 단계별로 보면 LH는 개발 결정이 난 지역의 토지를 감정가에 강제수용합니다. 신도시 주택공급을 위한 공공사업이란 명분으로 강제수용이란 강력한 권한을 갖고 있거든요. 원주민들은 땅을 헐값에 팔지 않겠다고 드러눕지만 결국 팔 수밖에 없습니다. 당시 LH가 판교 일대 원주민들에게서 강제수용한 땅의 평균 매입가는 평당 93만 원이었습니다. LH는 논밭이었던 이 땅에 전기와 상하수도 시설을 깔고, 도로도 닦아 택지로 조성합니다. 그리고 이렇게 택지로 조성된 땅을 민간 건설사와 시행사들에 팔아넘깁니다. 당시 평당 790만 원에 팔아넘겼습니다. 물론 전기, 도로 등 기반시설 조성 공사비가 들어가긴 했지만, 원주민들한테 93만 원에 매입한 땅을 8배가 넘는 790만 원에 민간 시행업자와 건설사들에 팔아넘긴 것입니다.

시행업자와 건설사들은 이 땅에 아파트를 지어서 평당 평균 1,600만 원에 분양했습니다. 당시 판교에 용적률을 160% 허용해줬으니 실제론 평당 2,600만 원에 분양한 셈입니다. 평당 93만 원짜리 땅이 2,600만 원짜리로 30배 가까이 뛰는 이런 마법은 지금도 전국 곳곳에서 공공사업이란 포장을 뒤집어쓰고 벌어지고 있습니다.

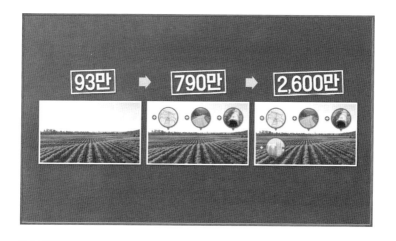

2005년 판교의 마법

아니 민간 원주민들한테 강제수용이란 공권력을 동원해 땅을 빼앗다시피 사들여서 다시 민간 건설사들에게 비싸게 팔아먹는 게 무슨 놈의 공공사업인가요? 단계를 거칠 때마다 몇 배,

수십 배의 불로소득이 넘쳐나니 투기꾼들이 꼬여들 수밖에 없습니다. 이런 투전판 구조를 LH 내부직원들이 모르겠습니까? 누구보다 잘 알죠.

광명과 시흥 일대에 신도시가 건설된다는데 늘 그랬듯이 곧 커다란 투전판이 벌어질 것이란 사실을 LH 직원들은 잘 알았을 겁니다. LH 전·현직 직원 14명이 광명과 시흥 일대 신도시 예정지역에 100억 원대 땅을 매입했는데, 은행 대출로만 58억 원을 조달했습니다. 그 지역이 곧 신도시로 지정될 것이란 확신이 없다면, 그래서 땅값이 30배 뛸 것이란 확신이 없다면 월급쟁이들이 58억 원이라는 돈을 대출받아 논밭을 사겠습니까? 불로소득이란 썩은 고기 주변에 암만 철조망 세운들 하이에나 같은 투기꾼들 꼬여드는 것을 막을 수 없습니다. 불로소득이 잔뜩 커지는 투전판이 될 것이란 걸 잘 아는데 내부 직원들한테 그런 짓 하면 안 된다고 양심에만 맡겨서야 그런 짓이 사라지겠습니까? 하이에나들을 쫓아내는 방법은 애초에 썩은 고기, 즉 불로소득이 생겨나지 않게 하면 됩니다.

서민 주택보급을 위한 공공사업이란 명분으로 헐값에 강제로 땅을 수용했으면, LH가 직접 시행해 합리적인 가격의 아파트를 공급하면 되지 이걸 왜 다시 민간 시행업자들에게 팔아넘겨 분양가를 올립니까? LH가 직접 시행을 맡아 시공할 건설사들 선정하고, 래미안이니 푸르지오 같은 브랜드 붙인 품질 좋은 아파트를 지으면 되는 겁니다. 건설사들은 아파트 튼튼하게 지은 뒤 적정이윤을 받고 나가면 되는 거고요. 공공기관인 LH는 공공이 해야 할 이 당연한 일을 하지 않습니다. 않았습니다. 공인된 땅 장사꾼 역할만 한 거죠.

LH는 땅을 매입하고 전기, 도로 까는 기반조성 공사에 엄청난 비용이 들어가기에 그 돈을 마련하기 위해선 민간에 땅을 다시 팔 수밖에 없다고 주장합니다. 그래야 임대주택 건설 비용도 마련할 수 있다는 주장입니다. 언뜻 들어보면 그럴 수밖에 없겠다는 생각도 듭니다. 그런데 민간에게서 강제수용한 땅을 민간 시행사, 건설업자들에게 파는 것 말고는 사업비를 마련하는 방법이 정말 없을까요? 그 땅을 담보로 채권을 발행하면 됩니다. LH가 시행을 맡아 신도시 개발과 임대주택 건설 등에 필요한 비용만큼 채권을 발행해 조달하면 재원 마련은 어렵지 않습니다. 채권이 팔리지 않으면 어쩔 것인가. 물론 부동산 경기에 따라 채권 수익률이 달라질 수야 있겠지만 LH 같은 큰 공공기관이, 그것도 가장 확실하다는 부동산을 담보로 발행하는 채권이 팔리지 않을 가능성은 가정하기 힘듭니다. 국민연금이나 주택보증기금이 투자해도 폭리를 안겨주지야 못하겠지만 안정적이고 짭짤한 수익은 보장되지 않을까 싶습니다.

기본적으로 공공사업으로 공공이 싼값에 땅을 수용했다면 이 땅에 지어지는 아파트 가격도 싸야 합니다. 공공이 공인된 땅장사 노릇만 하다 보니 엄연히 공공사업인데도 아파트 값은 서민들이 감당하기 힘든 가격으로 분양되는데다 불로소득이라는 썩은 고기를 노리는 하이에나들까지 꼬여드는 투전판이 돼버린 것입니다.

에피소드2 너덜너덜해진 경자유전(耕者有田) 원칙과 여의도 농부들

LH 내부 직원들이 매입한 땅은 농경지였습니다. 그런데 우리나라 헌법 121조에는 경자유전의 원칙이 있거든요? 말 그대로 농사짓는 농민들만 농경지를 소유할 수 있다는 거죠. 공기업인 LH에 다니는 직장인들이 어떻게 농경지를 살 수 있었을까요? 경자유전의 원칙은 헌법헤 형식적으로만 남아있고, 실제로는 너무나 많은 예외 조항을 갖고 있어서 농민이 아니더라도 농경지를 살 수 있는 방법은 너무나 많습니다.

일단 영농계획서를 제출하면 농경지를 살 수 있습니다. LH 직원들은 영농계획서에 벼와 고구마, 옥수수 재배한다고 적었지만, 실제론 논밭에 용버들 나무를 심었습니다. 용버들 나무는 심어놓기만 하면 관리할 필요도 없이 혼자 알아서 큰다고 해서 땅투기꾼들이 농경지를 취득할 때 가장 애용(?)하는 수종이라고 합니다.

"법의 허점이죠, 농지를 구입하려면 영농계획서를 내는데, 계획서가 통과되고 나면 이후에 실제로 영농계획서에 적은 농작물이 재배되고 있는 건지 아닌지 지자체도 농림부도 국토부도 어느 누구 확인하지 않는다는 거죠. 그러니 이게 아무런 문제가 안 돼요. 전혀 감시가 안 되다 보니까 누구나 쉽게 가짜 서류를 내더라도 농지를 소유할 수 있는 거예요."

• 윤순철, 경실련 사무총장

또 농지 취득해서 농사짓다가 힘들어서 더 이상 농사 안 짓겠다며 도시로 나가서 다른 일 하더라도 취득한 농지는 그대로 소유할 수 있게 해주고 있습니다. 상속받은 농지도 농사짓지 않아도 소유할 수 있도록 해주고 있죠. LH 사태 이후 강화됐지만, 그 이전까지는 주말농장 한다고 신고하면 농지를 쉽게 살 수 있었습니다. 경자유전의 원칙이 법에는 적시돼 있지만, 실제 현실에선 이미 너덜너덜해져 있습니다.

국회의원 세 명 중 한 명은 '여의도 농부'라는 비아냥이 존재한다

이러다 보니 2021년 공직자 재산 신고에서 국회의원 300명 가운데 101명이 본인 또는 가족 명의로 농지를 갖고 있었습니다. 국회의원 세 명 중 한 명은 여의도 농부라는 비아냥이 그래서 나오는 겁니다.

재개발·재건축은 공공사업?

재개발이나 재건축 사업에는 많은 혜택이 부여됩니다. 도시를 건강하고 합리적으로 살기 좋게 만들라는 공공의 목적이 있기에 우리 사회가 혜택을 주는 겁니다. 대표적인 게 용적률입니다. 용적률, 말은 많이 들어보셨겠지만 뭔지 정확히 모르는 분도 많으시죠? 예를 들어 1,000평의 땅 위에 10층짜리 아파트 건물이 한 채 있는데, 한 층의 전체 면적이 100평이면 용적률은 딱 100%입니다. 10층 × 100평 = 1,000평이잖아요? 그런데 이 아파트가 재건축하는데 용적률을 200% 허용받았다면 10층짜리 건물을 허물고 20층을 지을 수 있는 것입니다. 그러면 원래 10층 건물 주인들은 20층 아파트를 올리면서 추가로 생긴 10층을 다른 외부인들에게 팔아 그 돈으로 공사비를 충당할 수 있는 거죠. 용적률을 250%, 300% 등 높게 받으면 새 집도 공짜로 짓는 것은 물론 큰 돈도 벌 수 있는 거죠.

우리나라 재개발·재건축 문제의 시작은 기본적으로 자기가 살 집을 자기 돈으로 지으려 하지 않는다는 점에서 출발한다고 했잖아요? 용적률이란 엄청난 혜택이 부여되기 때문에 가능한 일입니다. 특히 우리 사회는 용적률을 원래 주택과 토지 소유주들이 당연히 가져야 할 하늘에서 뚝 떨어진 천부의 개인 재산권이라 생각하고 있습니다. 그건 큰 착각입니다. 용적률은 공공의 재산입니다. 그것도 우리 세대만 쓰는 게 아니라 아들내미, 딸내미 세대에도 물려줘야 할 공공의 재산입니다.

용적률이라는 건 개인이 노력해서 얻은 게 아니잖아요? 보통 지자체의 도시계획위원회에서 이 땅은 도시를 건강하고 합리적으로 만들기 위해선 지금 상태에선 이 정도 용적률이 적당하겠다고 사회적 합의에 따라 부여하는 겁니다. 공공의 필요에 따라 부여한 용적률을 온전히 토지 소유주들의 재산권으로 돌려 막대한 이익으로 가져가는 건 맞지 않습니다. 게다가 어느 특정 토지의 용적률을 높여준다는 것은 주변에 굉장한 부담을 주게

분노가 세상을 바꾼다

됩니다. 10층 아파트가 20층이 됐다면 주거 인구가 늘게 됐다는 것이고, 인구가 늘어난 만큼 사회 인프라 시설도 늘려줘야 합니다. 상하수도 시설은 물론 전기, 학교, 하다못해 도로도 넓혀야 할 겁니다. 물론 학교나 시설물 일부를 조합에서 기부채납하는 경우도 있지만, 대부분 사회가 부담합니다. 도시를 건강하고 합리적으로 만드는 공공사업의 성격이 있기 때문이죠. 이 때문에 미국과 서유럽 지역에서는 용적률을 공짜로 주지 않습니다. 땅주인들이 필요한 만큼 용적률을 돈 주고 사야 합니다.

또 한 가지 혜택을 예로 들어볼게요. 재개발이나 재건축 정비조합은 공법상 행정법인의 권한을 부여하고 있습니다. 도시를 건강하고 합리적으로 만들기 위해 공공이 해야 할 사업을 민간 주택 정비조합이 대행해주는 역할을 하고 있기 때문이죠. 동의하지 않는 분들 많으시겠지만 원칙은 그렇습니다. 그렇기 때문에 강제수용권이라는 강력한 권한을 부여합니다. 어느 재개발·재건축 지역이나 기존 주택 소유주들이 100% 다 찬성하지는 않습니다. 큰돈이 얽혀 있는 판이기 때문에 이해관계에 따라 반대하는 집주인들이 반드시 있게 마련이거든요. 그렇지만 전체 땅주인들의 70%만 동의하면 나머지 30%가 아무리 반대하며 드러눕는다고 해도 쫓아낼 수 있는 강제수용권을 줍니다. 도시를 건강하고 합리적으로 만들라는 공공사업의 성격이 있기 때문에 이런 개인의 사유 재산권까지 제약할 수 있는 강력한 권한과 혜택을 주는 겁니다.

실제로 재개발은 법적으로도 공공사업으로 규정돼 있습니다. 그렇기 때문에 재개발이나 재건축 조합장은 민간인이지만 공무원에 해당하는 권한과 책임을 지게 돼있습니다. 민간인들끼리는 뇌물을 받더라도 형사적인 책임을 지지 않지만, 조합장이 시공사나 용역업자에게 뇌물 받으면 '빵'에 들어갑니다. 공공사업을 대행하는 공무원이라고 보기 때문입니다. 이처럼 재개발·재건축은 공공사업에 준하는 특혜를 부여받고 있지만, 현실은 재건축은 물론 재개발 사업도 민간 소수의 집주인들과 민간 건설사들이 서로 결탁해서 최대한 불로소득을 일으킨 뒤, 둘이 나눠 갖고 끝냅니다. 공공이 막강한 권한과 혜택을 부여해줬으니 공공이 개입하는 건 당연하지만, 한국의 재개발·재건축은 공공성이라곤 코딱지만큼도 찾아볼 수 없는 매우 착취적인 개발 모델이 돼버렸습니다.

"그 지역에서 제일 비싼 주택을 공급하는 것이 재개발·재건축 사업의 목적이 돼버렸어요. 부족한 도심지 주택을 공급한다는 애초의 목적을 어느 정도 달성하고 있는지 몰라도 공급되는 집이 너무 비싸 보통 사람들이 취득하기 어렵게 만든다면 결국 그 목적의 절반은 우리 사회가 포기해야 한다는 결론에 이르게 되거든요. 재개발·재건축 사업이 어떻게 보면 공공사업이라는 이름을 달면서 사회가 많은 혜택을 부여하고 있지만 실제로는 전혀 공공사업이 아닌 거죠."

● 이강훈, 변호사·참여연대 부집행위원장

다수가 함께 써야 하는 공공의 재산과 권한을 이용해 소수의 민간끼리 나눠 먹는 불로소득이 너무 크니 이를 일부라도 공공이 회수하자는 제도 가운데 하나가 바로 '재건축 초과이익환수제' 이른바 '재초환'입니다. 재건축으로 조합원이 얻은 이익이 인근 집값 상승분과 사업 비용 등을 모두 제외하고도 1인당 3,000만 원이 넘으면 이익의 최대 50%까지를 세금(부담금)으로 환수한다는 제도입니다. 그러니까 재건축으로 이것저것 비용 다 빼고 자산가치가 5억 원 불어났다면 이거 혼자 다 먹지 말고 절반만 가져라, 공공의 기여도 있으니 나머지 절반인 2억 5,000만 원 정도는 공공이 부담금으로 환수해 공공임대주택 건설 등 공공건설 재원으로 쓰겠다는 취지입니다.

2006년 노무현 정부 때 도입된 재건축 초과이익환수제에 대한 위헌 소송도 제기됐었습니다. 재건축으로 집값이 올랐다 해도 팔아야 이익이 손에 들어오는 것이지 않느냐, 아직 이익을 보지도 않았는데 이른바 미실현 이익에 대해 부담금을 먼저 떼는 것은 헌법에 위배된다는 이유였습니다. 그러나 당시 헌법재판소는 오랜 심리 끝에 합헌 결정을 내렸습니다. '주택 가격의 안정'과 '사회적 형평'을 합헌 이유로 들었습니다. 재건축 사업으로 생기는 초과 이익을 소수가 사유화하면서 소득 구조의 불균형과 계층 간 갈등, 주택 가격이 폭등하는 것을 재초환 제도가 방지하는 효과가 있다는 것이었습니다. 또한 재건축 부담금은 공시지가라는 객관적 절차를 통해 산정되고, 정상지가 상승분과 개발이익 등을 공제해 조합원들의 피해도 최소화하고 있다고 봤습니다. 더불어 헌재는 조합원들이 입는 재산권 침해보다 재건축 부담금으로 실현되는 공적인 이익이 훨씬 크기에 존치하는 것이 맞다고 판단했습니다.

하지만 재초환은 주택시장이 침체됐던 2013년 부동산 경기를 살린다는 목적으로 2017년까지 4년간 한시적으로 제도가 유예된 적이 있습니다. 2018년 1월 1일부로 재초환 제도 부활이 예고됐습니다. 재초환 부활을 앞두고 서울 곳곳에선 정말 별별 일이 다 벌어졌습니다. 재건축해서 생길 이익을 세금으로 떼이지 않으려면 재초환 제도가 부활하기 전, 그러니까 2017년 12월 31일까지 최종 절차인 관리처분 계획을 구청에 제출해야 했습니다. '데드라인'이 임박하자 법도 절차도 무시되기 일쑤였습니다. 코미디 같은 일도 벌어졌는데, 당시 실제 있었던 정말이지 웃지 못할 사건 하나 소개해 드리겠습니다. 이거 정말 웃깁니다.

앞서 이 장의 첫 부분에 서울 강남의 한 재건축 단지에서 시공사를 선정하는 과정에서 건설사가 이사 비용으로 한 가구당 7,000만 원씩 주겠다고 제안했다는 얘기 기억나시나요? 그래서 동네 벤츠 자동차 대리점이 바글바글했다는. 앞서 설명한 이 공사가 문제가 됐습니다. 국토부가 7,000만 원이라는 과다한 이사비 제공은 공정한 시장 질서를 흔들 소지가 있으니 시정할 것을 지시했습니다. 국토부에서 문제를 삼으면서 시정 지시가 내려왔는데, 아무리 간이 배 밖으로 나왔다해도 주무 행정부처의 시정 지시를 무시하고 진행할 수는 없을 거 아니겠습니까? 그런데 시공사 선정을 위한 조합원 전체 투표를 딱 엿새 남겨두고 국토부에서 시정 지시가 내려왔던 것입니다.

조합원들의 마음을 사로잡았던 이사비 7,000만 원이 무산됐으니 조합은 건설사들의 변경된 제안 조건을 정확하게 다시 알렸어야 합니다. 이 건설사에 표를 줘도 이사비 7,000만 원은 없다고, 벤츠 계약했다면 취소해야 한다고. 그러니 잘 판단해서 투표해야 한다고 말입니다. 또 해당 건설사에도 이사비 가격이 너무 과해 국토부가 문제 삼았으니 제공하려던 이사비를 좀 낮추는 등 수정 제안을 요구하고, 입찰제안서도 다시 제작해 조합원들에게 공지하는 게 원칙입니다. 시공사 선정 투표를 좀 미루더라도 말이죠.

그러나 조합은 투표를 강행했습니다. 재초환 부활이 코앞으로 다가왔거든요. 당시 재건축 조합장은 2017년 12월 31일까지 구청에 관리처분 계획을 제출해야 재초환 세금을 피할 수 있었기 때문에 조합원 투표를 하루이틀 늦출 만한 여유도 없었다고 해명했습니다. 투표를 이틀 앞두고 조합원들에게 문자 메시지로 이사비 7,000만 원은 무산됐다고 간단하게 일괄 통보했지만, 조합원 대부분은 그래도 약속한 대로 이사비가 나올 것이라 믿었다고 합니다. 결국 이사비 7,000만 원을 제시했던 건설사가 시공사로 선정됐고, 조합은 2017년 연말 재초환 부활을 불과 사흘 앞두고 가까스로 구청에 관리처분 계획을 제출했습니다. 그런데 그게 끝이 아니었습니다.

조합원들 가운데 일부가 뒤늦게 입찰제안서를 자세히 들여다보니 무산된 이사비 7,000만 원 뿐만 아니라 시공사가 공짜로 해주겠다고 약속했던 시설들도 알고 보니 공사비에 모두 포함돼 있어 공짜가 아니었다는 사실을 발견한 것입니다. 따라서 시간에 쫓긴다는 이유로 이런 시공사를 선정해 조합이 구청에 제출한 관리처분 계획은 무효라고 주장했습니다. 관리처분 계획이 무효라는 결정이 나오면 재초환 세금을 내야 했지만, 당시 문제를 제기한 조합원들은 이것저것 따져봤을 때 재초환 세금을 내는 것보다 오히려 더 손해를 볼 수도 있으니, 그런 바에야 세금 제대로 내고 제대로 짓자는 심정이었다고 합니다.

조합 임원진들은 문제를 제기한 조합원들이 마땅치 않았습니다. 문제가 좀 있다 하더라도 하루빨리 철거하고 이주해 공사 시작해야 수익이 좋아지는 데다 혹여 절차를 다시 시작해 재초환 세금을 적용받게 되면 배보다 배꼽이 커진다고 나머지 조합원들을 설득했습니다. 그러나 문제를 제기한 일부 조합원들은 물러서지 않았습니다. 구청에 조합의 재건축 신청이 절차대로 진행됐는지 검증해달라고 요구했습니다. 이런 경우 검증은 법적으로 관할 구청이 자체적으로 하거나 국토부 산하 공공기관인 한국부동산원에서 맡는데, 문제를 제기한 조합원들은 객관적인 기관인 한국부동산원에서 검증해줄 것을 요청했습니다. 아무래도 직접적인 이해관계가 얽혀 있는 관할 구청에서 자체 검증하는 것은 믿을 수 없기 때문이었습니다. 반대로 재건축 조합임원을 포함한 다수 조합원들은 당연히 구청에서 자체 검증해주기를 바랐고요.

당시 구청은 자체 검증하겠다고 결정을 내렸습니다. 그러자 문제를 제기한 조합원들이 구청장을 항의 방문했는데, 여기서 정말 코미디 같은 일이 벌어집니다. 문제를 제기한 일부 조합원들이 구청장실에 들이닥쳤는데 사전에 약속을 잡지 않고 그냥 방문했거든요. 그런데 구청장이 의외로 환한 얼굴로 맞아주더라는 겁니다. 당시 한 조합원이 구청장과 조합원들 사이에 오고 간 대화를 녹음해뒀는데 그대로 옮겨 보겠습니다.

구청장: 한국부동산원에 보내면 어떤 결과가 나오는지 아세요? 한국부동산원에 보내는 건요, 감정을 하는 게 아닙니다. 관리처분 서류가 미비점이 있는 걸 찾아가지고 관리처분을 부결시키는

분노가 세상을 바꾼다

거예요. 그러기 때문에 우리 구청에서 자체 검증하겠다는 건 지금 저희들 목 내놓고 하는 겁니다.

조합원들: 그러니까 왜 목을 내놓으시냐고요. 이렇게 하자가 많은데 제대로, 규정대로 하면 되죠.

구청장: 잠깐만요. 아니, 그러면 우리가 한국부동산원에 보내서 관리처분이 부결되길 바라세요?

조합원들: 바라는 게 아니고요. 제대로 해달란 얘기예요, 법대로.

알고 보니 원래 이날 구청장이 재건축 조합 임원들을 만나기로 약속을 잡았었는데, 하필이면 약속한 시각 즈음 문제를 제기한 조합원들이 구청장실로 들이닥쳤고, 구청장은 이들을 원래 만나기로 약속한 재건축 조합 임원들로 착각한 겁니다. 주민들의 표로 선출되는 구청장 입장에선 지역구민인 재건축 조합 다수가 찬성하는 구청 자체 검증을 위해 자신의 목까지 내걸고 열심히 뛰고 있다는 걸 자랑하고 싶었을지도 모르겠습니다. 얘기를 하다 보니 '어? 좀 이상한데?'하고 뒤늦게 알게 된 거죠.

구청장: 5시에 약속한… 그분들 아니에요? 난 그분들인 줄 알았는데… 다른 분들이구나… 난 그분들인 줄 알았어….

결국 재건축 절차가 제대로 진행됐는지에 대한 검증은 구청에서 자체적으로 심사하는 것으로 결정됐고, 구청장이 목을 내놓고 하는 중이라고 말했던 만큼 예상대로(?) 절차상 아무 문제가 없다고 결론 났습니다. 이 코미디 같은 사건(?)이 뉴스로 보도된 뒤, 해당 구청에서 언론중재위원회를 통해 사실과 다르니 정정보도를 해달라고 요청해왔습니다. 구청 측에선 정정보도와 함께, 특히 인터넷에서 방송 내용을 영원히 삭제해 검색되지 않게 해달라고 요구했습니다. 아마도 구청장의 앞날에 '누'가 될 것을 우려했던 것 같습니다.

어떤 사안이든 취재하는 기자가 전문가는 아닙니다. 취재 과정에서 해당 전문가들을 통해 자문과 검증을 받지만, 당연히 잘못 알고 보도할 수도 있습니다. 억울한 언론 피해를 당한 경우 정정보도나 민사 소송을 통한 손해배상을 요구하는 건 당연합니다. 그래야 언론도 더욱 사실관계 확인에 힘을 기울이게 될 테

분노가 세상을 바꾼다

니까 말이죠. 그래서 보도하기 전 당사자에게 반론의 기회를 충분히 주고, 반론이 설득력이 있는지 다시 검증하는 과정이 필요한 것입니다. 당시 보도가 나가기 전 몇 차례에 걸쳐 구청장이 해당 발언을 하게 된 경위와 배경을 설명해달라는 요청을 했으나 거부한 바 있습니다. 반론 기회를 충분히 줬음에도 불구하고 당사자가 거부했다는 언론중재위의 결정에 따라 정정보도는 물론 인터넷 방송 기록 삭제도 허용되지 않았습니다.

이처럼 재건축 예정지마다 현금 살포하듯 뿌려지는 터무니없는 이사비 제공이 문제되자 정부에서도 재건축 단지에서 건설사가 이사비용을 제공하는 행위를 금지하는 개정안을 내놓았습니다. 그런데 위반 시 건설사가 물어야 할 과태료가 단돈 1,000만 원이었습니다. 10억 원도 아니고 1억 원도 아닌, 단돈 1,000만 원이라는 과태료에 건설사들이 수천억 원, 수조 원 공사비가 걸린 입찰 전쟁에서 공정한 룰을 지킬 수 있을지 의문스럽습니다.

또 한 가지 2018년 1월 1일부로 되살아난 '재건축 초과이익환수제' 있잖아요? 이거 없애달라는 요구가 그동안 끊임없이 제기돼왔거든요. 재초환 없어질 때까지 재건축하지 않겠다는 단지도 있었고, 언론들도 주택이 가뜩이나 부족한데 주택공급을 막는 첫 번째 장애물이 재초환이라고 특유의 펌프질로 거들었습니다.

윤석열 정부가 공공이 아닌 민간주도의 주택 공급 확대 정책으로 방향을 잡으면서 재초환도 2022년 9월에 개편안이 나왔습니다. 먼저 기존엔 초과이익이 3,000만 원 이상 되는 단지에 적용되었던 부과기준을 1억 원 이상 초과이익이 발생하는 단지로 완화해주자는 겁니다. 이보다 더 파격적인 혜택은 초과이익 계산 시점을 아예 바꿨습니다. 원래 재건축추진위원회가 구성돼 승인받은 시점의 집값과 재건축 준공 시의 집값을 비교해 초과이익을 계산하는데, 이걸 조합 추진위원회 설립 시점이 아니라 조합 설립이 인가된 날로 늦춰줬습니다. 결과적으로 2022년 84곳이던 재초환 부과 대상 단지가 개정안 적용 이후에는 46곳으로 줄어듭니다. 38곳은 재초환 부담금이 면제받는 것이죠. 부담금 자체도 크게 줄어들어 1억 원 이상 부과될 단지가 강남 지역 19곳에 달했지만, 5곳으로 줄어듭니다.

정부의 부동산 정책이란 것이 시장에 받아들여지려면 일관성이 중요합니다. 정책이 '생겼다, 없어졌다'를 반복하면 시장은 기다리게 됩니다. 재초환 제도도 중간에 부동산 경기를 살린다

분노가 세상을 바꾼다

고 몇 년간 한시적으로 없애는 바람에 폐지 요구가 나온 거거든요. 예전에도 없앤 적이 있지 않느냐, 그러니 그때처럼 다시 없애달라고 말이죠. 이미 형해화된 재초환 제도지만, 아마도 시장에선 조금 더 버티고 요구하면 아예 없어질 것이라는 기대가 꿈틀거리지 않을까 싶습니다.

윤석열 정부의 첫 번째 부동산 정책은 취임 약 100일이 지난 2022년 8월 16일에 나왔습니다. 전임 문재인 정부의 공공주도를 버리고 민간주도로 전국에 270만 채를 공급하겠다는 것이었죠. 이 가운데 약 20%를 도심 재개발·재건축으로 공급하겠다는 계획입니다. 주택 공급이 모자라 집값이 폭등했으니 민간이 주도가 돼서 더 많은 주택을 지을 수 있도록 규제를 대폭 풀겠다는 겁니다.

근본적인 문제를 한번 짚어보겠습니다. 주택이 부족하다는 부분은 분명 일리 있습니다. 그런데 한국 사회에 지금 필요한 주택은 어떤 집일까요? 한강 변에 20~30억 원 하는 고가 주택이 필요할까요? 반지하에 살던 일가족이 홍수로 참변을 당한 사건이 있었습니다. 어두컴컴하고 곰팡이 냄새 나는 반지하에서 살고 싶어서 살겠습니까? 서민들이, 청년들이, 신혼부부들이 안전하고 편하게, 무엇보다 합리적인 가격에 살 수 있는 주택이 지금 우리 사회에 진짜 필요한 집 아닌가 싶습니다. 정부는 지금 그런 주택을 공급하는 데 중점을 둬야 합니다.

민간은 절대 이런 주택은 짓지 않습니다. 돈이 안 되거든요. 그래서 공공의 역할이 필요한 겁니다. 수십억 원짜리 집 수백만 채를 지으면 뭐하겠습니까? 그 집을 살 수 있는 사람이 뻔한데 말이죠.

반지하를 원해서 사는 사람
KBS 〈홍사훈의 경제쇼〉 2022년 8월 10일 오프닝

'반지하에서 생활하는 한국인들의 현실은 오스카상을 휩쓴 영화 〈기생충〉보다 훨씬 심각하다.' 영국 BBC가 폭우로 서울 신림동 반지하에서 살던 발달장애 가족의 참변을 전하면서 지적한 말입니다. 어제 대통령이 참사 현장을 찾았습니다.

오늘은 국토부 장관이 반지하 같은 취약가구 거주자를 위한 근본 대책을 검토하겠다고 말했습니다. 습기 차고 어두컴컴한 반지하에 원해서 사는 사람은 아무도 없습니다.

진짜 서민들의 삶을 국가가 보호해주고 개선해주지 않으면, 비극은 계속 찾아옵니다. 반지하 주택에 살고 있는 전국 약 36만 가구에 당장 뭘 어떻게 해주란 얘기는 아닙니다. 다만 지난달 정부는 '서민계층 민생안정대책'이란 명목으로 '종부세 감면' 정책을 내놓은 바 있습니다. 현실은 영화보다 훨씬 잔인합니다.

게임 체인저
토지임대부 주택

그렇다면 부동산 투기를 근본적으로 없앨 수 있는 방법은 아예 없는 걸까요? '에이. 방법이 있으면 진작에 했겠지, 역대 정권마다 입만 열면 부동산 투기 잡겠다고, 집값 안정시키겠다고

말해왔는데 방법이 없으니 이렇게 된 거 아니야?'라고 반문할
수도 있겠습니다. 뭐 역대 정권들이 진심으로 집값을 잡고자 하
는 의지가 있었는지는 잘 모르겠습니다. 그러나 진짜 방법이 없
는 건 아닙니다.

'토지임대부 주택'이란 얘기 들어보셨는지 모르겠습니다. 일
반 분양주택과 임대주택의 중간 형태라고 보면 될 것 같은데, 일
반 분양 아파트의 경우 내가 분양받아서 분양금 내고 입주하면
내 집이 되는 거잖아요? 등기를 떼보면 아파트 건물도 내 이름

토지임대부 아파트의 구조

분노가 세상을 바꾼다

으로 돼있고, 토지 지분도 아파트 전체가 깔고 있는 대지 지분의 몇 %가 내 소유라고 등기됩니다. 토지임대부 주택은 건물만 자신의 소유이고, 아파트가 깔고 있는 토지는 공공기관 소유라는 겁니다.

등기를 떼보면 아파트 건물은 분양받은 자기 소유로 나오지만, 그 대지는 공공기관, 예를 들어 한국토지주택공사(LH)나 서울주택도시공사(SH) 같은 공공기관 소유로 나옵니다. 실질적으로 자신의 집이라 평생 살 수 있고, 다른 사람에게 팔 수도 있습니다. 다만 아파트가 자리하고 있는 땅은 자신의 소유가 아니기 때문에 매달 토지 임대료를 땅 소유주인 공공기관에 내야 합니다. 내 집도 아니고 남의 집도 아닌 애매한 형태인데, 이게 어떻게 부동산 투기를 근본적으로 없앨 수 있는 방법이라는 걸까요?

모든 주택의 시세 차익은 따지고 보면 아파트 건물이 아닌 건물이 깔고 있는 땅에서 나옵니다. 서울 대치동 은마아파트가 수십억 원을 호가하는 이유가 수십 년 된 아파트 건물이 좋아서 그렇게 비싼 게 아니잖아요? 그 아파트가 자리 잡은 땅이 가치가 있는 것이라 재건축을 기대하고 수십억 원을 내며 그 빗물 줄줄 새는 낡은 아파트를 사려는 거잖아요? 토지임대부 주택은 땅에는 소유권이 없고 건물만 자신의 소유이다 보니 시세 차익이라는 걸 애초에 기대할 수 없는 주택 형태인 거죠. 이론적으론 세월이 흐를수록 감가상각이 적용돼 집값은 내려가야 합니다. 또 수십 년이 흘러 이 아파트 건물이 낡아 재건축 대상이 돼도 집주인들은 아무 권리가 없습니다. 땅이 공공기관 소유기 때문입니다.

"토지임대부 주택은 이론적으론 투기가 일어나지 않죠. 왜냐면 투기의 대상은 건물이 아니라 땅이거든요. 건물은 오래되면 낡게 되니 건물 자체의 가치는 시간이 흐르면 계속해서 떨어지잖아요. 자동차 값이 시간이 흐를수록 떨어지듯이. 그런데 집값이 계속 올라가는 이유는 건물 가치가 올라가는 게 아니라 그 집이 깔고 있는 땅값, 그 가격이 올라가는 거거든요. 땅을 소유하지 않고 임대하는 방식이니 시세 차익이 발생하지 않고, 그러니 거기에 들어가서 살려고 하는 사람은 정말 실수요자들만 들어가서 사는 거죠."

● 남기업, 토지+자유 연구소 소장

아니 그럼, 그런 집을 누가 사나? 아무 매력이 없는데? 집을 주거의 목적이 아닌 투자나 투기의 목적으로 생각하는 분이라면 이런 집은 절대 사면 안 될 겁니다. 하지만 온전히 주거를 목적으로 편하게 살기 위해 집을 구입한다면 너무나 큰 장점이 있습니다. 일단 집값이 반값입니다. 분양가에 택지비가 없고, 건물 건축비만 들어가기에 일반 분양 아파트의 반값, 어쩌면 반의 반값밖에 안 될 겁니다. 건축비로 평당 1,000만 원을 들여 고급 아파트를 짓는다 해도, 시공사 이윤을 포함해서 30평 아파트 분양가가 3억 원 초반이면 된다는 거죠. 물론 매달 토지 임대료는 내야 하겠지만 말이죠.

서울시 강남구 자곡동 LH 강남 브리즈힐 아파트

부동산 폭등으로 민심을 잃은 노무현 정부 뒤를 이어 집권한 이명박 정부가 보금자리 주택, 일명 '반값 아파트' 정책을 추진한 적이 있었습니다. 그때 추진된 반값 아파트의 한 형태가 바로 토지임대부 주택이었습니다. 강남구 자곡동 대모산 자락에 '강남 브리즈힐'이란 아파트 단지가 있습니다. 2014년 준공돼 400여 세대가 입주한 이 아파트 단지가 바로 토지임대부 방식입니다. 당시 이명박 정부는 보금자리 주택 정책을 의욕적으로 밀어붙였기 때문에 시행을 맡은 LH가 유럽의 건축회사에 설계를 맡겼다고 합니다. 마치 '테트리스' 게임의 블록 형태를 보이는 독특한 외부 구조에다 내부 구조도 유럽식으로 지어졌습니다.

2012년 분양을 했는데, 당시 분양가가 얼마였느냐, 116㎡ 35평형의 경우 평당 분양가가 840만 원으로 약 3억 원이었습니다. 비슷한 시기 바로 옆에 민간 분양된 래미안 아파트 분양가가 평당 2,600만 원이었으니 반값도 아니고 1/3값 아파트였습니다. 물론 토지임대 방식이니 매달 30만 원 정도의 토지임대료는 LH에 내야 합니다. 경제정의실천연합(경실련)에서도 MB 정부의 유일한 친서민 정책이었다고 평가할 정도였습니다.

그러나 결과적으로 이 토지임대부 주택 정책은 실패로 끝났습니다. 아니 정확히는 실패로 만들었다고 말하는 게 맞을 것 같습니다. 당시 MB 정부는 토지임대부를 포함해 반값 아파트를 서울과 수도권에 30만 채 짓겠다고 발표했습니다. 대통령이 현대건설에서 잔뼈가 굵었으니, 어떻게 하면 집값을 잡을 수 있는지 잘 알았을 겁니다. 실제로 MB 정부가 보금자리 반값 아파트 정책을 추진하면서 부동산 시장이 폭락하기 시작했습니다. 물론 이 시기는 미국발 금융위기 이후 부동산 거품이 빠지던 때이기도 했지만, 분양가가 평당 3,000만 원을 오르내리던 아파트 시장에 공공이 평당 900만 원도 안 되는 반의 반값 아파트를 수도권에 30만 채 짓겠다고 신언하니 민간 분양 시장이 죽어버렸습니다. 가뜩이나 금융위기 이후 부동산 거품이 꺼지면서 경기가 식어가던 차에 반값 아파트까지 나와 찬물을 부어버리니 곳곳에서 미분양이 쌓이기 시작했습니다. 당시 건설업체들이 단체로 정부에 토지임대부 주택 정책을 철회해달라고 요청했고, 결국 토지임대부 주택은 강남구 자곡동에 400여 채, 그리고 서초구 우면동에 300여 채를 짓고 난 뒤 더 이상 추진되지 않았습니다.

일종의 시범사업처럼 700여 채만 짓고 중단되자, 반의 반값 아파트였던 토지임대부 아파트들도 나중에 부동산 경기가 살아나 집값이 올라갈 때 덩달아 가격이 상승했습니다. 이론적으론 토지가 개인 소유가 아니니 시세 차익이라는 게 발생할 수 없는 구조지만 이 아파트들 가격도 5배 이상 올라 지금 와서 되돌아보면 진정한 '로또 아파트'였다는 얘기가 나왔습니다. 달랑 700여 채만 시범적으로 짓고 끝냈으니, 여기가 토지임대부 방식이란 걸 사람들이 알지도 못하는 건 당연했습니다. 또 수십 년 뒤 재건축 들어갈 시점이 되면 국가에서 어떻게든 아파트 소유주들에게 토지를 넘겨줄 것이라는 근거없는 믿음(?)이 생겼기 때문이겠죠.

실제로 강남 브리즈힐 등 토지임대부 아파트 입주민들은 언론사에서 취재하는 걸 극도로 싫어합니다. 자신들의 아파트가 토지임대부 형식이란 게 알려지기 싫은 거죠. 집값에 영향을 줄 테니 말예요. 30~40년 뒤 이 아파트 단지들이 재건축 대상이 됐을 때 LH가 토지소유권을 어떻게 처리할지도 궁금합니다.

그런데, 그런데 말이죠. 만약에 당시 이명박 정부가 이런 토지임대부 주택을 700여 채가 아니라 당초 약속했던대로 30만 채를 지었다면 어땠을까요? 부동산 시장에서 일대 혁명적인 전환점이 되지 않았을까 싶습니다. 서울·수도권에 시세 차익이 발생하지 않는 온전한 주거 목적의 주택이 30만 채가 들어섰다면 '미친 집값', 더불어 '영끌'이나 '벼락거지' 같은 말도 어쩌면 생겨나지 않았을지 모릅니다. 3억 원만 주면 들어가 살 수 있는 품질 좋은, 살기 좋은 아파트가 30만 채나 있는데, 10~20억 원짜리 민간 분양 아파트를 사려는 수요가 많이 생기겠냐는 거죠. 물론 집을 주거의 목적이 아닌 투기의 목적으로 생각하는 수요가 없어지지야 않겠지만, 결국 10~20억 원짜리 아파트 가격이 내려갈 수밖에 없을 것입니다.

"진세 수준보다 싼, 건축비 수준의 가격을 가진 집이 있다. 그리고 그런 집이 서울 시내에 100채, 200채 정도가 아니라 10만 채, 20만 채가 있다. 이렇게 되면 완전히 다른 시장이 되는 거죠. 집값 시세가 올라가든 내려가든 시장에 3억 원짜리 집들이 항상 존재하고 있으니 시장의 변동성을 완화시킬 수 있는 것입니다. 집값이 막 오를 때 불안감에 서로 집을 사려고 드니 집값이 더 오르는 건데, 시장에 3억짜리 집이 항상 있으니까 투기적 수요가 몰리지 않게 해줄 수도 있는 거죠."

● 임재만, 세종대 부동산학과 교수

"토지임대부 아파트가 LH나 SH 같은 공공기관이 주도한 주택인데, 그런 아파트들은 품질이 워낙 떨어지지 않느냐? 래미안이나 푸르지오 같은 민간 분양 주택들과는 입구부터 다르다. 사람들이 살고 싶은 아파트는 LH 마크가 붙은 아파트가 아니다"라는 반문이 당연히 나올 겁니다. LH나 SH는 아파트를 직접 짓는 건설사가 아닙니다. 건설을 감독하고 관리하는 시행사 역할을 하는 기관입니다. 건설은 현대건설이나 삼성물산, 대우건설에서 합니다. 지금까지 LH나 SH 마크가 붙은 아파트는 고급 아파트가 아닌 경제적 약자 계층을 대상으로 해왔습니다. 그런 주택을 짓자는 게 아닙니다. 삼성물산이 건설을 맡았다면 래미안 브랜드를 붙이면 됩니다. 대우건설이 시공했다면 푸르지오 브랜드 붙이면 됩니다. 투기가 목적이 아닌, 그냥 들어가 편하게 오래 살고 싶은 사람들이라면 민간 분양 주택과는 비교도 안 되는 저렴한 값에 분양받아서 매달 토지에 대한 임대료만 내고 품질 좋은 집에서 살면 되는 겁니다.

물론 지역에 따라, 위치에 따라 토지임대료는 시세를 반영해 내야 합니다. 건물가, 즉 분양가는 비슷하더라도 많은 사람이 살기 원하는 입지 좋은 지역은 토지임대료가 시세를 반영할 수 있게 해줘야 합니다. 그렇게 해야 공공기관들도 수익이 보장될 수

분노가 세상을 바꾼다

있죠. 사실 더 중요한 건 토지임대료를 터무니없이 낮게 책정하면 가치가 건물에 붙어 버리기 때문입니다. 그러면 건물에 다시 시세 차익이 생기고 말죠. 중국이 그렇습니다. 현재 법적으로 공공사업자의 경우 토지임대료를 입지 조건과 상관없이 정기예금 이자 수준 이상으로 받지 못하게 돼있는데, 이 조건은 풀어줘야 합니다. 공공이 터무니없이 비싼 토지임대료를 받는 건 막아야 겠지만, 최소한 시장에서 결정된 임대료 수준을 받을 수 있도록 해야 정상적인 구조로 돌아갑니다.

민간이 아닌 공공이 토지 소유주니 만큼 아무리 입지가 좋은 지역이라 해도 비상식적인 임대료를 받을 수는 없을 테고, 무엇보다 이런 주택이 보편적으로 많이 생기면 10억 원, 20억 원, 30억 원을 함부로 부르는 아파트 가격이 내려올 수밖에 없으니 부동산 시장은 매매나 임대나 전체적으로 하향안정화될 수 있습니다. 토지임대부 주택이 달랑 700채만 있으면 불가능한 일이겠으나 당초 이명박 정부가 계획했던 대로 30만 채가 지어졌다면 아마도 부동산 시장의 게임 체인저가 됐을 겁니다. 그때 건설업계 요구를 들어주지만 않았더라면 어쩌면 그분(?)은 그 업적 하나만으로 아마도 들어가지 않았을지도 모르겠습니다.

이러한 토지임대 방식의 주택이 우리나라에만 있는 것은 아닙니다. 대표적으로 중국은 모든 주택이 토지임대 형식입니다. 사회주의 체제하에서 자본주의를 받아들이고 있지만, 다른 건 몰라도 땅은 개인 소유로 돌아가는 걸 마지막까지 허용하지 않았습니다. 그래서 시행사가 국가로부터 토지를 100년 동안 장기로 빌려 아파트를 짓는 방식이 일반화돼 있습니다.

"아니 그런데 중국 부동산 가격, 한국과 비교도 안 될 만큼 비싸지 않나? 특히 베이징이나 상하이 아파트 단지는 정말 눈 튀어 나올 정도로 말도 안 되게 비싼 가격으로 거래되고 있거든요. 토지임대부 주택은 시세 차익이 원천적으로 발생하지 않는다는데, 이렇게 비싼 건 설명이 안 되잖아?"라는 나올 수 있습니다. 중국의 경우는 토지를 국가가 소유하고는 있지만, 사실상 민간 소유나 마찬가지인 기형적 형태기 때문입니다.

무슨 말이냐면 예를 들어 어떤 건설 시행사가 어느 지역에 아파트 단지를 짓고자 한다면 중국 지방정부에 그 땅을 보통 100년 동안 임차하는 조건으로 매달 토지임대료를 지불하는 게 아니라 한꺼번에 돈을 주고 삽니다. 그리고 여기 아파트를 지어 민간인들에게 분양해 팝니다. 100년이 지난 후엔 특별한 문제가 없는 한 지방정부와 계약 연장이 이뤄집니다. 분양받은 아파트 주인들이 재계약의 주체가 될 수 있겠지요. 따라서 중국의 토지임대부 방식은 매달 토지임대료를 내는 것이 아니라 시행사가 100년 임차비를 한꺼번에 지불하고 땅을 매입하는 '무늬만' 토지임대부 방식이라 할 수 있습니다. 게다가 100년 임대료가 엄청나게 저렴합니다. 토지 소유주인 지방정부 관리와 건설 시행사 간 유착도 한몫을 하고 있습니다. 토지임대료가 너무 낮아 사실상 개인 소유의 주택과 마찬가지다 보니 시세 차익이 주택 건물에 붙게 된 거죠.

뉴욕 맨해튼의 배터리파크 지역

중국은 사회주의 체제임을 감안해야 하는데, 다른 나라에서도 가능할까요? 또 다른 대표적인 토지임대부 주택이 있는 곳이 자본주의의 상징인 뉴욕 맨해튼입니다. 아래 사진은 맨해튼 남쪽 끝 자유의 여신상을 마주보고 있는 '배터리파크'라는 신시가지입니다.

배터리파크 지역엔 주거용 고층 아파트 14,000여 세대, 그리고 세계 금융센터와 상업용 고층빌딩들이 빽빽이 들어서 있습니다. 이 아파트와 빌딩들의 건물 하나하나는 모두 개인 소유지만, 배터리파크 전체 토지는 뉴욕시가 소유하고 있는 토지임대 방식입니다.

배터리파크 지역은 옛날엔 배들이 정박하는 선착장이었습니다. 금융기관과 사람들이 몰려들다 보니 맨해튼에 건물 지을 땅이 부족해지면서, 뉴욕시가 선착장을 매립해 토지를 조성하기로 했던 것이죠. 1972년 매립 공사가 시작됐는데, 당시 사진을 보면 매립지 바로 건너편에 9·11 테러 때 무너져 지금은 사라진 세계무역센터 쌍둥이 빌딩도 보입니다.

문제는 막대한 매립 비용이었습니다. 보통의 경우 민간 사업자에 땅을 팔아 토지 조성 비용을 조달하지만, 뉴욕시는 땅을 파는 대신 장기 채권을 발행해 매립 비용을 마련했습니다. 새로 조성될 토지의 임대료 수입을 담보로 채권을 발행했는데, 맨해튼이니만큼 임대가 안 되면 어쩌나 하는 리스크는 매우 낮았습니다. 발행한 채권은 모두 팔렸고, 채권 이자는 새로 들어선 아파트와 상업용 건물들의 토지 임대료로 충당했습니다. 토지 임대료 수입은 채권 발행 이자를 훨씬 웃돌았습니다. 결국 2014년 40여 년 만에 채권을 모두 상환했고, 땅은 그대로 뉴욕시 소유로 남게 됐습니다.

덕분에 뉴욕시는 지금도 매년 2억 달러씩 들어오는 토지임대료 수입을 뉴욕시 빈민계층의 주거 지원에 사용하고 있습니다. 뉴욕시 입장에선 황금알을 낳는 거위가 된 셈입니다. 만약 매립과 토지 조성에 필요한 비용을 마련하기 위해 땅을 민간에 팔았다면 거위는 민간의 손에 넘어갔을 겁니다. 맨해튼 배터리파크의 성공 사례는 매우 중요한 선례로 기록되고 있습니다. 특히 토지임대부 주택 단지 조성에 필요한 막대한 비용을 어떻게 조달할 것이냐에 대한 해법으로 말이죠.

지금도 LH나 SH 같은 공공기관들이 늘 토지임대부 주택에

뉴욕 배터리파크 지역의 1940년대 선착장 모습(위)
매립 공사 중인 배터리파크 지역(아래)

반대하는 이유로 들고 나오는 것이 "막대한 토지 매입과 조성 비용을 누가, 어떻게 조달할 것이냐"입니다. 땅을 민간 사업자나 건설사에 팔아야 비용을 조달하지, 그렇지 않고 LH가 떠안으면

분노가 세상을 바꾼다

LH는 직원들 월급도 못 주고 망한다는 논리입니다. 앞서 공공주도 개발에서 언급했듯이 토지임대료 수입을 조건으로 장기 채권을 발행하면 사업 비용은 충분히 나올 수 있습니다. 배터리파크가 그랬듯이 말이죠.

부동산이 담보인데 채권이 팔리지 않으면 어쩌나 하는 쓸데없는 걱정하지 않아도 됩니다. 토지 매입이나 조성 비용은 그렇게 마련한다 해도, 공공기관이 토지임대부 형식으로 조성할 수 있을 만한 땅이 서울과 같은 대도시에 있을지 의심스러우신가요? 배터리파크처럼 한강을 매립할 수도 없는 노릇이고, 대부분의 대지는 민간 소유이므로 당연히 큰돈을 벌고자 민간 사업자에 팔려 할 테니 말입니다.

그런데 찾아보면 서울 시내에도 공공 소유의 큰 땅이 의외로 많습니다. 대표적인 곳이 용산 미군기지입니다. 용산 미군기지를 현재 계획대로 공원으로 조성하면 철저하게 주변 주민들만의 사적 자산 가치만 올려주는 역할을 하게 됩니다. 갑자기 앞마당에 드넓은 공원을 품게 된 용산 지역 아파트 값은 폭등할 가능성이 큽니다. 서울 한복판에 남산이란 큰 공원이 있지만 1년에 단한 번이라도 남산에 가는 서울 시민이 몇이나 될지 의문스럽습니다. 서울 시민들에게 진짜 필요한 공원은 동네에서 수시로 찾아갈 수 있는 소규모 공원 수십 개가 아닐까 싶습니다.

논란의 여지가 있겠지만, 이전될 용산 미군기지 땅에 토지임대부 아파트 수십만 채가 들어선다면 어떨까요? 녹지는 일부 훼손되겠지만 대신 미친 집값으로 많은 국민이 쓸데없는 사회적비용을 지불하는 걸 줄여줄 수 있다면, 그래서 국민들이 조금이라도 더 행복해질 수 있다면 말이죠. 용산 미군기지뿐 아닙니다. 바로 옆에 용산 철도정비창 부지도 있습니다. 용산 전자상가 뒤쪽으로 한강을 끼고 있는 51만㎡ 면적의 초대형 금싸라기 땅입

용산 철도정비창 부지

분노가 세상을 바꾼다

니다. 서울 한복판에 이렇게 큰 공터가 있었다니, 저도 깜짝 놀랐습니다.

이 땅은 한국철도공사 코레일 소유로, 코레일은 이 땅을 팔아 15조 원에 달하는 부채를 갚겠다는 계획입니다. 땅 소유주는 코레일이지만 땅의 용도를 변경해주는 곳은 서울시기 때문에 서울시가 이 땅을 어떻게 처리할지 결정하는 데 중요한 역할을 하고 있습니다. 이전될 서울 송파구 성동구치소 부지도 있습니다. 강남구 서울의료원 부지도 있습니다. 공공이 소유한 땅은 찾아보면 의외로 많습니다. 토지임대부 주택 같은 불로소득이 발생할 가능성이 없는 형태의 공공성 강한 주택은 용적률 1000%를 허용해줘도 괜찮을 것 같습니다. 용적률로 이득을 보는 개인이 없을 테니까요.

사실 토지임대부 주택 공급이 부동산 문제를 해결할 수 있는 가장 확실한 방법이라고 오래전부터 주장해온 사람이 현재 서울시 주택 공급을 설계하고 책임지는 자리에 있습니다. 2021년 오세훈 서울시장이 당선되면서 SH의 사장도 바뀌었는데, 경제정의실천시민연합(경실련) 김헌동 부동산건설개혁 본부장이 새로 SH 사장에 임명됐습니다. 사실 제가 처음 토지임대부 주택

애기를 들은 것도 김헌동 사장이 경실련 부동산 개혁 본부장으로 있을 때 였거든요. 쌍용건설에서 '건설맨'으로 출발해서 토목과 건설의 구조와 부조리에 대해 잘 파악하고 있던 김 사장은 경실련에 있을 당시 토지임대부 주택 전도사 역할을 했습니다. 용산 코레일 정비창이나 송파구 성동구치소 자리, 강남구 서울의료원 분원 자리 모두 민간에 매각해 땅장사할 생각 하지 말고 그

김헌동, 서울주택도시공사(SH) 사장·전 경실련 본부장

자리에 토지임대부 아파트 지어서 공급하자는 것도 사실 김헌동 사장의 아이디어였습니다. 강남에 2~3억 원 하는 아파트가 공급되기 시작하면 (물론 매달 토지임대료는 내야 하지만) 한국 부동산 시장의 역사가 바뀔 수 있다고 말이죠.

"2012년 강남구 자곡동에 '강남 브리즈힐(토지임대주택)'이 분양될 당시 강남 지역 아파트 평균 가격이 평당 2,900만 원 했어요. 그런데 새로 짓는 브리즈힐 아파트가 평당 900만 원도 안 되는 가격으로 분양하니까 2,900만 원짜리 아파트 가격이 떨어지기 시

분노가 세상을 바꾼다

작했어요. 또 강남에 900만 원짜리 아파트가 분양이 된다니까, 더구나 이런 토지임대부 주택을 전국에 30만 채 짓겠다고 정부가 선언해버리니까 서울 곳곳에서 미분양 아파트가 쌓이기 시작했거든요. 결국 정부가 공공의 역할을 제대로만 하면, 본래의 택지개발 목적에 맞도록 분양을 하면, 수십 년 된 낡은 아파트를 비싼 값에 사겠다고 사람들이 몰릴 이유가 전혀 없는 겁니다. 오히려 오래된 아파트보다 새 아파트가 반값도 안 되는 가격에 나오면 헌 아파트를 사겠다고 하는 사람들이 없어지겠죠?

그런데 토지임대부 주택이 실험으로 끝났거든요. 그건 다 이유가 있었어요. 토지임대부 주택은 실소비자한테만 좋을 뿐, 건설업자들 입장에선 그동안 얻어왔던 택지에 공공기관이 땅 주인으로 계속 남아있으면 토지가 건설업자들에게 넘어오지 않으니까 싫죠. 공기업은 토지를 계속 보유하게 되면 재정적으로는 좋아지지만, 공기업 직원들한테는 별 이득이 없으니까 토지를 매각하기를 원했고요. 특히 주택협회, 건설협회 등 각종 부동산과 관련된 협회들이 정부에다 지속적으로 강력하게 요구를 했어요. 이런 아파트 계속 공급되면 건설업체들 몽땅 문 닫는다고.

또 언론들도 아파트 분양 광고에 의존해서 큰 수익을 올려야 하는데, 토지임대부 아파트는 광고를 할 필요가 없으니까 이런 아파트가 시장에 나오는 거를 원하지 않았고, 그래서 이런 아파트가 있다는 사실조차도 아예 알리지 않았어요.

2012년 그때, 실험으로 끝난 토지임대부 주택을 다시 살려야 한국 부동산 문제를 해결할 수 있습니다."

● 김헌동, 현 서울주택도시공사(SH) 사장·당시 경실련 본부장

처음 얘기를 들을 땐 반신반의했지만 듣고 보니 정말 그럴 수 있겠다고 수긍하며 마음속으로 박수를 아끼지 않았습니다. 2021년 11월 오세훈 서울시장이 진보 성향의 시민단체인 경실련 김헌동 부동산개혁 본부장을 SH 사장으로 발탁하는 걸 보고 한국 부동산 시장의 역사가 바뀔 수도 있겠구나 하고 생각했습니다. 오세훈 서울시장도 김헌동 사장이 토지임대부 주택에 대한 신념이 확고하다는 것을 당연히 알고 있었을테니까 말이죠. 다만 인근 지역 주민들의 반발을 어떻게 극복하고 설득해 나갈지가 의문입니다. 앞서도 언급했지만 좋은 정책을 만드는 것도 중요하지만, 그보다 더 중요한 건 그 좋은 정책을 실현시키기 위해 반대를 무릅쓰고 뚫고 나갈 수 있는 용기입니다.

김헌동 사장이 취임할 무렵 송파구 성동구치소 인근 아파트 단지에 플래카드들이 걸리기 시작했습니다. 구치소 자리에 행여

분노가 세상을 바꾼다

나 토지임대부 아파트 같은 건 지을 생각 말고 민간 분양 아파트 들어설 수 있게 그 금싸라기 땅을 민간에 빨리 매각하라고 말이죠. 래미안이나 푸르지오 들어서야지 인근 아파트 값도 같이 오르는데, 그 땅에 토지임대부 아파트 지어야 한다고 늘 주장하던 사람이 SH 공사 사장으로 임명됐으니 불안해진 거죠. 한국 부동산 시장에서 '임대'라는 단어에 대한 낙인과 혐오는 정말 고쳐지기 불가능할 정도여서 다른 이름을 찾아서 바꿔야 하나 하는 생각이 들 정도입니다.

용산 철도정비창 부지도 인근 아파트 단지 주민들은 초고층 오피스 빌딩들로 가득 채워진 국제상업지구로 개발되길 원하고 있습니다. 그래야 아파트 값이 올라갈 테니 말이죠. 토지임대부 아파트 짓겠다고 하면, 여기도 인근 주민들과 한바탕 일전을 치러야 할 겁니다. SH 김헌동 사장은 '백년주택'이란 이름의 반값 아파트를 추진하겠다고 내놓았습니다. 서울에 평균 3억원짜리 토지임대부 아파트를 공급하겠다는 겁니다. 평소의 소신을 실행시킬 수 있는 권한과 자리가 주어졌으니 실제로 실행에 옮길 수 있을지는 지켜봐야겠습니다. 자리가 사람을 만든다고 하지만, 자리가 사람을 변하게 만드는 경우도 수없이 봐왔으니까 말이죠.

은행의 공공성

KBS 〈홍사훈의 경제쇼〉 2022년 1월 24일 오프닝

부동산 막차를 타야 한다는 대중의 심리가 실제 미친 집값으로 이어진 데는 사실 은행이 기여한 바가 큽니다. 은행이 그렇게 쉽게 돈을 빌려주지만 않았다면 집값이 이렇게까지 미치진 않았을 겁니다. 은행은 민간 기업이긴 하지만 경제의 흐름을 결정하고 잘못되면 한 나라의 경제 전체가 송두리째 위험해진다는 점에서 공공의 성격이 강합니다. 망할 것 같으면 공적자금이란 세금으로 살려주는 것도 은행의 공적인 역할이 크기 때문입니다.

그러나 IMF 이후 우리나라 은행의 대출 결정은 이윤 극대화만을 목표로 삼았습니다. 산업자본의 마중물 역할을 하기보다 확실한 돈벌이가 되는 부동산 대출에 몰두했습니다. 은행이 뒷돈을 대서 키운 부동산 거품이 빠르게 꺼지고 있습니다. 무리하게 대출받아 집을 산 사람

들은 고통스럽겠지만 은행은 손해를 보지 않을 것이고, 어떤 책임도 지지 않을 겁니다. 애초에 은행이 조금이라도 공익에 관심을 뒀다면 부동산 거품이 이렇게 생기지도 않았을 겁니다.

그래서 이제라도 은행의 공공성 강화 방안을 마련해야 합니다. 금융위원회나 금융감독원은 그런 거 하라고 있는 기관들입니다.

탐욕이 부른
둔촌 재건축 사태

2022년 4월 15일, 국내 최대 재건축 사업 단지인 둔촌 주공 재건축 공사가 중단됐습니다. 문제의 발단은 설계변경에 따른 공사비 인상이었습니다. 앞서 언급했듯이 거의 모든 재개발·재건축 현장에서 설계변경에 따른 공사비 증액이 일어납니다. 저가 입찰로 시공권을 일단 따낸 뒤 설계변경으로 공사비를 뻥튀

기해서 남겨 먹거든요. 물론 설계변경은 조합원들 동의가 있어야 하기에 조합장과 시공사의 유착과 검은 거래가 항상 끊이지 않는 것이고요.

둔촌 주공 재건축 역사를 보면 한참을 거슬러 올라갑니다. 2016년 4,800여 명의 조합원이 시공사를 선정합니다. 현대건설과 대우건설, 롯데건설 등 여러 건설사가 공동 시공단으로 선정됐습니다. 2조 6,700억 원에 공사비 계약을 맺고 공사에 들어갔는데, 2020년 설계변경을 하면서 공사비가 3조 2,300억 원으로

둔촌 주공아파트 재건축 조감도

분노가 세상을 바꾼다

증액됩니다. 5,600억 원 정도가 올라갔습니다. 물론 조합이 일반 분양 물량을 늘리기 위해 전체 가구 수를 1만 1,100가구에서 1만 2,000가구로 900가구 정도 늘려줄 것을 요구했고, 가구 수가 늘어나니 지하 토목 공사 설계도 당연히 바뀌었습니다. 그렇다 해도 원래 공사비의 1/5이 넘는 5,600억 원이 추가 청구된 것은 납득하기 힘들었습니다.

당연히 조합원들 반발이 있었습니다. 시공단과 처음 계약할 당시 조합원들이 분담금을 한 푼도 내지 않고 새 아파트에 들어가기로 했는데, 5,600억 원의 공사비가 추가되면 조합원 1인당 1억 원 조금 넘게 분담금을 내야 하니까 말이죠. 그런데 이즈음 법이 바뀌었습니다. 재건축 사업에서 공사비가 10% 이상 증액되면 국토부 산하 공공기관인 한국부동산원(당시 한국감정원)에서 무조건 공사비 검증을 받도록 말이죠.

조합 측에서 3억 원 정도 비용을 들여 공사비 5,600억 원 증액이 합당한 것인지 한국부동산원에 검증을 의뢰했습니다. 시공단에서 제출받은 설계 도면을 바탕으로 분석을 해봤더니 3,000억 원가량 공사비가 부풀려졌다는 결과가 나왔습니다. 건축 공사비에서 약 300억 원, 전기 공사비에서 100억 원, 가장 많

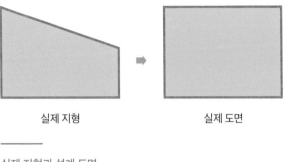

실제 지형　　　　　　　　실제 도면

실제 지형과 설계 도면

이 부풀려진 부분은 지하 토목 공사비로 1,800억 원이나 차이 나더라는 겁니다. 둔촌 단지 전체를 보면 완전히 평평한 땅이 아니고 약간 구릉지로 경사가 져 있습니다. 기초공사를 위해 땅을 파야 하는데 실제 경사진 지형을 반영하지 않고 해발고도가 가장 높은 지점을 기준으로 직사각형 형태로 파내는 걸로 설계돼 있더라는 겁니다. 아래 그림과 같이 말이죠.

경사진 부분만큼은 파내고 싶어도 파낼 수가 없는 허공인데 이걸 파내는 것으로 설계돼 있었다는 것이죠. 이 양이 서울역 앞에 있는 서울스퀘어 빌딩(옛 대우빌딩) 다섯 개 정도 되는 부피라는 계산이었습니다. 앞에서도 말했지만 조합은 건설에 대해 아무것도 모른다고 보면 됩니다. 설계 도면을 볼 줄 알겠습니까?

파내는 데 얼마가 드는지 알 수가 있겠습니까? 모르니 당하는 거죠.

그래서 시공단에 물어봤습니다. 한국부동산원에서 공사비 검증한 것과 3,000억 원 정도 차이 나는데 어떻게 된 것이냐고 말이죠. 시공단에선 당시 공사비를 정확히 검증하려면 설계가 변경된 도면이 나와서 이를 근거로 구체적인 변경 내역이 나와야 하는데, 그때 당시엔 변경된 실제 공사 도면이 아직 나오질 않아서 대충 도면을 만들어 한국부동산원에 제출했다면서, 그러다 보니 오류가 생겼다는 겁니다. 실제 도면이 아니다 보니 한국부동산원이 검증한 공사비도 당연히 오류가 있을 수밖에 없다는 얘기였습니다.

이러면 설계변경으로 공사비를 올리는데 올려야 하는 이유 즉, 구체적 내역이 나오는 설계 도면이 없었다는 얘기거든요. 제가 이 부분이 상식적으로 납득이 가지 않아 여러 차례 물어봤습니다. "아니 물건 값 올리면서 왜 올리는 건지 근거는 있어야 하는 거 아니냐, 설계 도면이 나오지도 않았는데 5,600억 원 공사비 올려달라는 건 무슨 근거로 액수를 제시한 거냐?" 이유는 있었습니다. 2015년 부동산 경기가 침체되면서 없어졌던 분양가 상한제*가 2020년 4월 30일 다시 시행될 예정이었거든요.

*분양가 상한제: 부동산 가격의 급등을 규제하기 위해 주택을 분양할 때 택지비와 건축비에 건설업체의 적정 이윤을 보탠 분양 가격을 산정하여, 그 가격 이하로 분양하도록 정한 제도.

분양가 상한제를 피해야만 일반 분양가를 높게 올려받을 수 있는데, 공사비가 10% 이상 증액되면 무조건 공공기관의 검증을 받으라는 법이 생기면서 분양가 상한제가 적용되는 2020년 4월 30일 이전에 공사비 검증을 받아야 하는 문제가 생긴 겁니다. 새로 설계 도면을 만들 시간이 없으니 기존의 도면을 약간 추가 변경해서 제출했다는 겁니다. 일반 분양 가구 수를 늘려달라 요구한 건 조합이었으니 분양가 상한제를 앞두고 조합도 동의한 상태였다는 것이고요. 그런데 한국부동산원에서 제대로 검증을 해버린 거죠. 토목공사를 비롯한 여러 공사 내역에서 공사비가 3,000억 원 정도 부풀려졌다라고 말이죠.

"사실 기본 도면만 있는 상태에서 대략적으로 이 정도 공사 규모면 평당 얼마 정도 공사비가 나오겠다는 추정치로 산정하고 조합과 공사비 단가 협의를 하거든요. 이 상태에선 사실 공사비가 정확히 맞을 수가 없죠, 왜냐하면 실시 도면이 없었기 때문에, 정확한 도면 없이 추정치로 공사비를 뽑은 것이기에 애초에 맞을 수가 없고요. 시간이 충분히 많으면 공사에 들어갈 실제 도면이 나올 때까지 기다려서 한국부동산원에 제출했겠지만, 그 당시에는 4월 30일까지 분양가 상한제를 피해야 하는 절체절명의 시한이 있었거든요, 4월 30일까지는 무조건 한국부동산원의 검증을 받아야 했던 거예요.

한국부동산원에선 공사비 산정한 설계 도면을 달라고 하는데, 없는 설계 도면을 어떻게 줍니까. 그러니 원래 기본 도면에 이것저것 추가해서 급한 대로 도면을 만들어줬는데, 그러니 당연히 공사비 산정에 오류가 있을 수밖에 없죠."

● 시공단 부장

그러나 이것도 일반 분양가가 조합원들이 원하는 수준으로 높게 책정됐다면 사실 별 문제 없이 지나갔을 것입니다. 일부 조합원이 한국부동산원 검증 결과를 보고 문제를 제기했으나 당시 조합장은 분양가 상한제를 적용받지 않게 되면 일반 분양가를 평당 3,550만 원 받을 수 있다며 공사비 인상해주더라도 조합원들이 분담금 추가로 내지 않아도 되니 빨리 도장 찍고 공사 시작하자며 독려했습니다. 평당 분양가 3,550만 원이 어떤 근거에서 나온 건지 모르겠으나 시공단이 구두로 약속했다는 얘기가 돌면서 공사비 증액은 조합원 전체 총회를 통과했습니다. 그러나 일반 분양가가 훨씬 낮게 책정되면서 문제는 시작됐습니다. 둔촌은 분양가 상한제는 피했지만, HUG 주택도시보증공사의 분양가 심사가 남아있었습니다.

막대한 돈이 오가는 아파트 분양은 건설사가 파산하는 등 여러 가지 돌발 변수가 있을 수 있기에 HUG의 분양보증을 받게 돼있습니다. HUG는 분양 리스크를 줄이는 목적과 집값의 과도한 상승을 견제하기 위한 목적으로 조합이 제시한 분양가가 적정한지 심사해 분양가를 결정합니다. 2020년 7월 HUG는 평당 2,980만 원 분양가가 적당하다며 조합에 통보했습니다. 원했던 3,550만 원보다 평당 570만 원이 낮아졌으니 조합원 1인당 1억 원 정도의 추가 분담금이 생긴 겁니다. 평당 3,550만 원을 받아야 공짜로 새 집을 얻을 수 있는데 1억 원씩 내야 한다니 조합원들의 반발이 나왔습니다. 기존 조합 집행부를 해임하고 새로 조합 집행부를 선출했습니다. 새 조합은 HUG가 제시한 분양가를 받아들일 수 없다며 일반 분양을 미루기로 결정했습니다.

분노가 세상을 바꾼다

아파트 건설 공사는 이미 시작됐습니다. 원래는 일반 분양을 해서 중도금과 잔금이 들어오는 돈으로 시공단에 공사비를 지불해야 했으나 분양을 연기해버렸으니 외상 공사가 시작된 것이죠. HUG의 분양심사를 받지 말고 차라리 분양가 상한제로 분양가를 받자는 의견도 나왔습니다. 2021년 집값이 폭등하기 시작하면서 분양가 상한제를 적용받더라도 평당 3,400만 원이 가능하다는 분석이 나왔거든요. 그러나 탐욕은 끝없이 이어졌습니다. "집값이 폭등하고 있는데 무슨 3,550만 원이냐!" 조합원들 머릿속엔 이미 평당 4,000만 원을 넘어서 4,500만 원까지를 꿈꾸고 있었습니다.

2022년 3월 대선이 끝나고 정권이 바뀌면 분양가 상한제가 아예 없어질지도 모른다는 희망과 욕망이 뒤섞이면서 분양은 계속 연기됐습니다. 문제는 공사비였습니다. 분양이 미뤄지면서 시공사들은 공사비를 한 푼도 받지 못하고 계속 외상으로 공사를 이어가고 있었는데, 엎친 데 덮친 격으로 글로벌 공급망이 삐걱거리면서 시멘트와 철근 등 원자재 가격이 오르기 시작했습니다. 2022년 2월 러시아가 우크라이나를 침공하면서 원자재 가격은 미친 듯이 상승하기 시작해서 평균 45%가 수직상승했습니다. 시공단이 공사를 맡긴 하도급 업체에 언제까지 외상으로 공사를 시킬 수는 없었습니다. 분양가 상한제 적용받는 가격이면 적정한 수준이니 이제 분양을 해서 공사비를 지급해달라고 조합에 요구했으나, 조합은 거절했습니다.

오히려 과거 분양가 상한제 시행에 쫓겨 어쩔 수 없이 조합원 총회에서 통과시켜준 공사비 인상분 5,600억 원을 문제 삼았습니다. 전임 조합 집행부와 합의한 공사비 인상은 무효라며 한국 부동산원에 공사비를 다시 검증받자고 요구한 겁니다. 2022년 4월 15일 공사가 전격 중단 됐습니다. 전체 공사의 52%가 진행된 상태였습니다. 정권이 바뀌었지만 없어질 것으로 기대했던 분양가 상한제는 경비와 자재비 인상분을 반영하는 등 일부만 개편된 상태로 큰 골격은 유지하는 것으로 결정됐습니다. 분양가 인상은 최대 4%에 불과하다는 분석이 나왔습니다. 때마침 부동산 시장도 급격하게 하락해 미분양이 속출하기 시작했습니다. 평당 4,500만 원 일반 분양가는 한여름 밤의 신기루처럼 사라질 판이고, 현재의 부동산 경기로 봐선 애초의 분양가였던 평당 3,000만 원도 쉽지 않다는 전망이 나오고 있습니다.

재건축 사업의 수익과 직결되는 시간은 절대적으로 시공사의 편이기에 조합은 철저한 을의 위치에 서게 됩니다. 공사 중단으로 인한 손실금, 그동안 인상된 시멘트와 철근 등 자재 값과 인건비는 모두 조합의 부담으로 남게 됐습니다.

공사가 중단된 지 다섯 달 만에 시공단과 조합은 공사 재개를 합의했습니다. 시공단은 추가 공사비로 약 1조 1,000억 원을 요청했습니다. 당초 3조 2,000억 원이던 공사비는 이제 4조 3,000억 원으로 늘어났습니다. 조합원 일 인당 약 1억 9,000만 원 분담금을 내야 합니다.

공사비를 부풀린 시공단과 일반 분양가를 최대한 끌어올리겠다는 재건축 조합의 과도한 욕심이 둔촌 재건축 단지의 현재 상황을 만들어냈습니다.

세상에 널린 합법
KBS 〈홍사훈의 경제쇼〉 2022년 6월 15일 오프닝

2018년 태안화력발전소에서 하청업체 파견직으로 일하다 숨진 김용균 씨의 월급은 약 211만 원이었습니

다. 그러나 원청사인 한국서부발전이 김용균 씨 같은 중급 기술자 몫으로 하청사에 지급한 노무비는 522만 원이었습니다. 300만 원이 넘는 임금은 누군가 중간에서 떼어먹었습니다.

2016년 구의역 지하철에서 스크린도어 수리 하청업체 직원으로 일하다 사고로 숨진 김 군의 월급도 145만 원 남짓이었지만, 원청사인 서울교통공사가 김 군과 같은 기계 정비공에게 주라고 하청사에 지급한 노무비는 240만 원이었습니다. 물론 용역을 맡은 하청사 직원 월급치곤 이해하기 힘든 큰 금액입니다.

원청과 용역 하청업체 경영진 사이는 악어와 악어새의 관계와 마찬가지입니다. 주기로 책정된 금액이 커야만 중간에서 떼어먹는 돈도 커집니다. 사고 당시 19살이었던 김 군은 자신의 월급이 중간에서 100만 원씩 떼어먹힌다는 사실을 알기나 했을까요?

2011년 4대강 사업에서 25톤 덤프트럭 운전기사들에게 하루 일당으로 52만 원씩 지급됐지만, 하루 기름값

분노가 세상을 바꾼다

40만 원과 톨게이트 비용, 보험료 등등을 빼고 나면 덤프트럭 노동자들이 손에 쥐는 돈은 하루 4만 원에 불과했습니다. 그러나 공사를 발주한 국토부와 수자원공사가 25톤 덤프트럭의 하루 임차비로 건설사들에 책정한 돈은 82만 원이었습니다. 덤프트럭 한 대당 하루 30만 원씩 누군가 떼어먹었습니다.

어젯밤 화물연대가 안전운임제를 연장하는 것을 조건으로 파업을 철회했습니다. 일감을 받는 과정에서 3~4단계에 달하는 중간 하도급 업자들에게 착취당하는 수수료를 안전운임제가 일부나마 막아주는 역할을 해 왔습니다.

힘없는 노동자들 땀의 대가가 중간에서 떼어먹히는 일이 일상화돼 있는 것도 분노할 일이지만, 더 분노해야 하는 건 그것이 합법인 세상이라는 것입니다.

경제와 정의가 같이 갈 수 있을 때

코로나에 이어 찾아온 인플레이션, 그리고 이제 경기 침체가 기다리고 있습니다. 퍼펙트스톰 급에 해당하는 최악의 경기침체가 찾아올 것이라는 분석도 있고, 늘상 경험했던 정도의 작은 소용돌이 수준의 침체일 것이라는 전망도 있지만, 경기 침체가 올 것이란 데는 별다른 이견이 없는 것 같습니다. 늘 그랬듯이 거품은 터지기 직전 가장 유혹이 큰 법입니다. 그리고 거품이 터지고 난 뒤에 벼랑 끝에 서 있는 건 서민들이었습니다. 다가올 경기 침체도 경제적 약자들을 먼저 덮칠 것이 분명합니다.

불가능해 보이는 경제와 정의가 같이 갈 수 있을 때 모두가 행복한 자본주의, 민주적인 자본주의가 가능하다는 생각입니다. 자본의 힘이 워낙 비대해진 지금의 시장에 맡겨두면 민주적인 자본주의는 불가능합니다. 국가의 역할이 그래서 중요합니다. 우리 사회의 많은 사안을 취재하면서 제가 항상 느끼는 것은 여러 불공정과 불합리에 대해 국가가 눈 감고 있다는 것입니다. 국가가 못하는 게 아니라 안 한다는 것이었습니다.

국가가 할 일을 하지 않고, 뒷짐지고 지켜만 보고 있으면 정글이 될 수밖에 없습니다. 투전판이 돼버린 재개발·재건축 문제를 국가는 왜 보고만 있을까? 한국 자본시장의 가치를 갉아먹는 주가조작과 탈법적 성격의 무자본 M&A는 왜 방치하고 있을까? 한 방에 상상도 못할 큰돈을 손에 쥘 수 있는 주가조작은 그래서 유혹이 큽니다. 누군가 범죄를 저지르고도 빠져나갈 수 있다는 케이스를 보여주면 그게 선례가 되고 범죄에 용기를 주는 겁니다.

주가조작과 7광구. 부동산 문제에 이르기까지 책에서 기술한 제 생각이 모두 옳다고 말할 수는 없습니다. 제 입장에서 취재하면서 지켜보고, 물어보고, 판단한 점을 적은 것이니 말이죠. 당연히 저와 다른 생각, 다른 견해가 있을 겁니다. 이런 생각의 다양성, 그리고 그 다양성을 인정하고 존중해주는 풍토가 우리 사회를 더 건강하게 만든다고 저는 믿습니다. 모쪼록 제 생각을 읽고, 많은 분이 국가가 국가의 역할을 하지 않는 데 대해 분노하셨으면 합니다. 분노가 세상을 바꿀 수 있다고 저는 믿습니다.

지금의 세상은 바뀌기 힘들다 하더라도 우리 아들내미 딸내미에게는 엄마, 아빠가 살았던 이 지랄 같은 세상보다는 좀 더 나은 세상을 물려줘야 하지 않겠습니까?

분노가 세상을 바꾼다

도이치모터스 주가조작

라인펀드 사기
———제7광구 개발 중단

투기판이 되어버린
재건축·재개발

분노가 세상을 바꾼다

초판 1쇄 인쇄 2022년 10월 7일
초판 2쇄 발행 2022년 10월 25일

지은이 | 홍사훈
펴낸이 | 권기대
펴낸곳 | ㈜베가북스

주소 | (07261) 서울특별시 영등포구 양산로17길 12, 후민타워 6~7층
대표전화 | 02)322-7241 팩스 | 02)322-7242
출판등록 | 2021년 6월 18일 제2021-000108호
홈페이지 | www.vegabooks.co.kr **이메일** | info@vegabooks.co.kr
ISBN 979-11-92488-12-7(03320)